AF453184

CONSIDÉRATIONS
POLITIQUES
SUR LES MONNAIES,

SUR

LES VARIATIONS QU'ELLES ONT SUBIES, ET CELLES QU'ELLES PEUVENT SUBIR ENCORE, SI LE SYSTÈME POLITIQUE DE L'EUROPE N'ÉPROUVE AUCUN CHANGEMENT;

Par M. C. COATPONT, Négociant, à Brest.

« Tandis que vous passez votre tems, disait DÉMOS-
» THÈNE aux Athéniens, à vous promener dans le
» Forum, en vous demandant les uns aux autres :
« Quelle est la nouvelle du jour? » Quelle nouvelle
» plus étonnante voulez-vous donc, que les progrès
» d'un Macédonien qui s'avance à grands pas vers
» Athènes, et qui veut devenir l'arbitre suprême de la
» Grèce?

(Traduction de l'histoire de l'ancienne Grèce, par ROBERTSON.)

A PARIS,

CHEZ
- BÉCHET, Libraire, quai des Augustins, N°. 57.
- CORRÉARD, à la librairie constitutionnelle, et MARADAN, Libraires, rue des Marais, faubourg St.-Germain, N°. 16.
- DELAUNAY, Libraire, au Palais Royal

A TROYES,

Chez Mad². ANDRÉ, Imprimeur-Libraire.

A BREST,

CHEZ
- L'Auteur, rue Prolongée de la Rampe.
- P. ANNER, Imprimeur-Libraire.
- Et AUGER, Libraire, rue Prolongée de la Rampe.

1820.

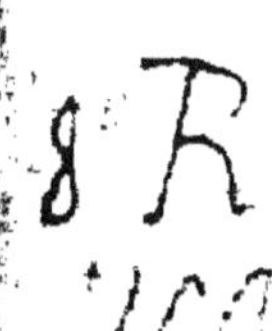

DE L'IMPRIMERIE DE P. ANNER, A BREST.

PRÉFACE.

ON connaît ce mot de FONTENELLE, répété depuis avec tant de complaisance, partant de bouches intéressées, et qui a eu peut-être dans le monde plus d'influence qu'on ne croit : « Si j'avais la main pleine de vérités, je me garderais bien de l'ouvrir. »

Pourquoi l'ingénieux auteur *des Mondes* parlait-il ainsi ? S'il eût vécu poursuivi, persécuté, chassé de sa patrie par l'envie et par l'intolérance politique et religieuse, il eût tenu sans doute un autre langage. Mais il vécut près d'un siècle, choyé, préconisé, comblé d'honneurs, jouissant de l'existence la plus brillante, et satisfait de son sort. Aussi ne songea-t-il point à attaquer par ses écrits un état de choses si utile pour lui, et dont, malgré les avantages qu'il en retirait, ce mot célèbre même est la preuve qu'il sentait tous les vices. Bien inférieur en cela, d'intention comme de talent, à quelques hommes de son siècle, qui marchent à la tête de l'espèce humaine dont ils seront l'éternel honneur, mais qui payèrent l'estime et l'admiration de leurs contemporains par l'exil et la persécution.

Nous avons eu depuis des tems meilleurs, et

grâces aux lumières répandues par les écrits de ces grands hommes, il est permis d'espérer que leur patrie ne retombera pas dans les malheurs des tems que nous signalons, malgré les ruses de la politique étrangère, qui fait jouer tous ses ressorts pour nous y replonger.

ALEXANDRE, après avoir tranché le nœud Gordien, crut que cette action et trente mille hommes victorieux qu'il commandait lui. donnaient le droit de disposer, sans autre règle que sa volonté, du sort de tant de peuples, que d'imbéciles tyrans et leurs satrapes lui opposèrent par millions au moment du péril, pour tâcher en vain d'arrêter la marche d'une poignée de Macédoniens. Ils apprirent à leurs dépens que des esclaves n'ont de l'homme que la figure.

ALEXANDRE eût mieux mérité le nom de Grand, qui lui est resté, si, après avoir vaincu ces tyrans et leurs satrapes, il eût du moins essayé d'introduire les institutions des Grecs en Asie, au lieu de vouloir rendre les Grecs Asiatiques. Quelle différence dans l'histoire de notre espèce, s'il avait eu cette idée! car il était capable de l'exécuter. Est-ce la faute d'ARISTOTE, ou celle de son élève ?....

Je franchis un espace de plus de 2,000 ans, et quelles années pour l'humanité ! Je passe de l'orient de l'ancien monde au nouveau. J'y vois une grande nation , jeune, heureuse, glorieuse, opulente ; et je compare un conquérant à un législateur ; c'est presque le même problême résolu en Asie par la force, et en Amérique par la sagesse. L'Asie, à genoux devant ALEXANDRE, resta courbée pendant des siècles sous le pouvoir absolu de ses successeurs. L'Amérique, redevable de son salut à l'épée de WASHINGTON, lui dut encore ses lois et son indépendance.

Quelle différence aussi dans le sort de ces deux hommes! Le vainqueur de l'Asie mourut dans une orgie par l'ivresse ou le poison, après avoir vécu troublé, inquiet, au milieu de conspirations vraies ou supposées, et réduit à sacrifier ses meilleurs amis à sa sûreté. Le défenseur de l'Amérique vécut admiré, honoré, chéri de ses concitoyens, dont il emporta dans le tombeau les regrets, l'estime et la reconnaissance.

Voilà les deux plus hauts degrés de la gloire humaine. Laquelle mérite la préférence ?...... L'histoire, aussi juste que la fortune en cette occasion, ne mettra-t-elle pas après leur mort la même différence entre ceux qui ont acquis ces deux genres de gloire, qu'il y eut pendant leur vie entre le sort que chacun d'eux obtint en partage ?

Tyr, ville commerçante, énivrée de son opulence, pour avoir insolemment violé le droit des gens, succomba sous les coups d'ALEXANDRE justement indigné. Carthage, non contente de son immense commerce, voulut devenir conquérante : elle succomba sous la puissance Romaine, qu'elle avait fatiguée et irritée par ses perfidies. Et de cette grande république, qui n'avait pas besoin, pour fleurir, de prétendre à l'empire du Monde, il n'est rien resté que le bruit de sa chûte, qui retentit encore dans l'histoire. Ainsi périssent les états qui affectent une puissance au-dessus de leurs forces réelles. Ils ne peuvent se soutenir que par des prestiges et des injustices. La raison dissipe bientôt les prestiges, et la guerre, que les injustices allument, attire enfin sur ses auteurs la vengeance des peuples qui en souffrent et la ruine de ceux qui les commettent.

La franchise et la modération, voilà désormais les vertus nécessaires, non pas à la gloire, mais à la sûreté des peuples, comme de ceux qui les gouvernent.

Les considérations suivantes, sur les monnaies, que nous publions ici, ont été écrites pour servir de préface à l'histoire de l'ancienne Grèce, par RoBERTSON, dont *nous donnerons incessamment la traduction.* Elles doivent leur naissance à la comparaison qui s'établit naturellement en lisant l'histoire des peuples de cette contrée fameuse, tracée par ce grand maître, et la situation actuelle des choses et des esprits en Europe. Si cet ouvrage de ROBERTSON n'est pas encore connu comme ceux qui ont rendu son nom célèbre, c'est que M. SUARD, qui a fait connaître ses autres écrits sur le continent, ayant été distrait alors par la traduction des voyages de COOK, qui firent grand bruit à cette époque, ainsi que par ses travaux académiques, ne s'est pas occupé de celui-ci, dont le sort a été fort singulier.

Un auteur français, anonyme, l'a abrégé en 1764, en se bornant à y faire des retranchemens et à traduire ce qu'il a conservé; ensuite il l'a donné comme son propre ouvrage. Le style de ce traducteur n'a pu l'empêcher d'avoir quelque succès : car nous avons sous les yeux les premières pages d'une nouvelle édition qui en a été faite il y a vingt et quelques années.

C'est l'analogie des tems où la génération actuelle a vu le jour, et de ceux de l'antiquité que ROBERTSON retrace dans cet ouvrage, avec son talent accoutumé, qui nous a suggéré les idées que nous hasardons ici. Notre époque est de nature à avoir sur nos descendans la même influence que les Grecs ont exercée pour le bonheur de l'humanité sur les peuples de l'occident de l'Europe. Mais une politique ennemie voudrait arrêter le développement de cette utile influence, contraire à ses vues ambitieuses. Nous allons essayer de mettre un grain dans la balance ponr nous opposer autant qu'il est en nous à la continuation d'un système anti-social, qui tend à rompre, au profit d'une seule puissance, l'équilibre de l'Europe, d'où dépendent son repos et sa prospérité.

CONSIDÉRATIONS

POLITIQUES

SUR LES MONNAIES,

SUR

Les Variations qu'elles ont subies, et celles qu'elles peuvent subir encore, si le système politique de l'Europe n'éprouve aucun changement.

L'ARGENT représente tout : il procure les besoins, les superfluités, les jouissances de la vie. Combien de fois n'a-t-il pas décidé du sort des nations ?

Il n'y a qu'une chose qui ne s'achète pas : c'est la gloire ; et par ce mot nous n'entendons pas ce qui n'en est que l'ombre ou l'abus ; nous entendons tout ce qui est louable, utile, généreux, tout ce qui a mérité, dans tous les tems, nonpas l'admiration seule, trop facile à surprendre, mais l'admiration avec l'estime et la reconnaissance des hommes.

Quelques réflexions sur les monnaies, considérées sous le rapport de l'influence qu'elles ont de nos jours en politique, ne seront peut-être pas sans intérêt au tems où nous vivons. Puissent-elles n'être pas sans utilité !

Avant la découverte des métaux, les rapports entre les peuples ont dû être rares, parce qu'ils étaient difficiles. La variété des productions, dans les différens pays, tendait à rapprocher les hommes. Mais le défaut d'un signe général qui pût en représenter la valeur devait rendre les communications lentes et embarrassées, lorsqu'on ne pouvait traiter que par échange. Celui qui inventa le premier ce moyen de surmonter l'obstacle rendit donc un grand service ; mais ensuite on en abusa. L'argent qui, dans le principe, ne représenta que des objets d'échange, fut employé à d'autres usages. Il représenta bientôt le repos et le bonheur des hommes, dont il prit la place en servant à les troubler. C'est dans ce sens qu'un poëte célèbre appelle les métaux : *irritamenta malorum.* D'un côté ils ont produit de grands biens en facilitant le commerce et rendant plus général l'usage des objets d'utilité et d'agrément ; de l'autre, ils ont produit de grands maux, par l'abus qu'on en a fait ; et le plus grand, sans contredit, parce qu'il engendre tous les autres, et qu'il les réunit tous, c'est le fléau de la guerre, qu'ils allumèrent et servirent à alimenter. Mais notre objet n'est pas d'établir un parallèle entre les bons et les mauvais effets qu'ils ont produits. Si l'usage en a généralement prévalu, si les inconvéniens n'ont pas fait renoncer aux avantages qu'on en retire, on peut les comparer au feu qui nous est nécessaire et qu'on ne songe pas à supprimer, malgré les dangers si fréquens de l'incendie, qui en sont inséparables.

Notre objet n'est pas non plus d'en donner l'histoire, de montrer par quelle suite d'événemens, par quel enchaînement de causes et de conséquences ils sont allés de tous tems, et continuent d'aller encore, se réunir et s'accumuler dans l'orient de l'ancien monde surtout, où jamais on n'a imaginé les signes fictifs auxquels, dans nos contrées, la confiance des hommes a donné une valeur égale à celle de ces métaux dans la circulation des affaires. Nous ne voulons pas approfondir davantage une question qui serait cependant intéressante, celle de savoir si le despotisme de l'orient ne reconnaît pas pour première cause l'emploi des valeurs métalliques, qui ont été le véhicule le plus puissant de la discorde et de la guerre, en offrant un moyen facile, et jusqu'alors inconnu, de réunir, de solder et de nourrir de grandes armées, avec lesquelles, après en avoir employé le secours à défendre les peuples, on a pu et même dû probablement parvenir à les asservir. Mais s'il en est ainsi, nous observerons seulement que, par une conséquence non moins nécessaire, quand les peuples sont asservis, ils perdent leur énergie; tout languit et s'énerve chez eux. Ainsi le lion, cet animal fier et superbe, le roi des forêts où il domine, perd son orgueil et sa force dans les chaînes de l'esclavage. Les princes qui, n'écoutant que l'intérêt momentané de leur orgueil, emploient le pouvoir qui leur est déféré pour d'autres usages à river les fers de leurs sujets, en sont bientôt punis eux-mêmes, soit par la révolte des peuples indignés d'un joug honteux, soit par les invasions de ceux que la servitude n'a pas abâtardis. Les événemens de ce genre, que l'histoire retrace à chaque page, ceux qui se succèdent avec tant de rapidité sous nos yeux et dans nos climats, offrent des raisons nombreuses de croire à la vérité de cette conjecture.

Le grand rôle que les métaux jouent comme instrumens dans ces révolutions est fait pour fixer l'attention, et suffit pour autoriser cette curiosité qui porte l'observateur judicieux à jeter les yeux dans l'avenir et à tâcher de deviner les tems qui ne sont pas encore par ceux qui ne sont déjà plus. C'est là le grand objet de l'histoire : en conservant la trace des anciens événemens, ce n'est pas un aliment insipide, une occupation stérile qu'elle offre à l'esprit ; c'est une suite de tableaux mouvans et variés propres à instruire les peuples vivans par l'exemple de ceux qui ont existé.

La prospérité croissante et décroissante des nations, semblable aux phases de l'astre brillant
des nuits, a des causes certaines qui ne sont pas
l'effet d'un aveugle hasard, et l'histoire de ces
causes nous paraît écrite clairement dans les
variations des métaux monnoyés. Nous con-
naissons fort peu ces variations chez les peuples
de l'orient ; celles que les monnaies ont subies
chez les grecs et les romains nous sont un peu
mieux connues, parce que ces tems sont plus
près de nous. Mais sans aller même si loin chercher nos exemples, nous en trouvons d'assez
instructifs chez nous-mêmes par la comparaison
assez facile des évaluations diverses que les historiens modernes ont données, chacun dans son
tems, aux valeurs monétaires en usage chez les
anciens.

Nous nous bornerons à un seul exemple, et
nous choisirons de préférence, pour mieux faire
comprendre notre idée, le *Talent*, monnaie
fameuse qui était en usage chez tous les peuples de l'antiquité, en Asie et en Europe, tels
que les Hébreux, les Perses, les Grecs et les
Romains. Cette monnaie, dont il est partout
question dans les auteurs grecs et latins, a eu
sous le même nom, diverses valeurs chez ces
différens peuples.

Sans nous occuper de fixer ces différences

relatives, qui n'ont pu l'être que par approxima-
tion , et non avec une sévère exactitude par les
plus savans antiquaires , nous ferons observer
seulement qu'il paraît que l'usage des monnaies
a été connu dans l'orient long-tems avant de
l'être des peuples occidentaux de l'ancien monde.
Rien ne le prouve mieux que l'emploi très-gé-
néral des métaux que les peuples guerriers de
l'occident trouvèrent appliqués par les orien-
taux à tous les usages de la vie ; et en outre
les immenses trésors d'or et d'argent monnoyés
que la conquête fit tomber entre leurs mains.

Une autre circonstance tendrait à reculer encore plus loin dans la nuit des âges cette invention remarquable, qui a eu tant d'influence
sur le sort de l'espèce humaine : c'est que les
Hébreux et leurs ancêtres, que la chronologie
place avant les tems qui sont pour nous l'antiquité, non-seulement se servaient de ce signe
dans leurs transactions , mais qu'il devait même
être très-abondant chez eux , puisque le Talent,
dont ils paraissent avoir fourni aux Grecs jusqu'à la dénomination, était plus pesant et valait
chez eux plus que chez ces derniers. Le Talent
hébraïque d'argent pesait 12,000 drachmes , et
valait , selon le docteur BERNARD, 450 livres
sterlings ; pendant que celui d'Athènes, composé, selon le savant BARTHÉLEMY, de 6,000

drachmes seulement, est évalué, par le même docteur BERNARD, à 206 livres sterlings et cinq schellings, ce qui fait plus de moitié de différence.

Or, on sait qu'en règle générale, plus les métaux sont communs dans un pays, moins leur prix est élevé. Il en est d'eux comme des marchandises, dont la valeur s'avilit par leur abondance. On sait en outre que plus les divisions usuelles de la monnaie sont fortes et élevées, plus on doit présumer que l'argent est commun. Nous parlons moins, dans les transactions ordinaires de la vie, par doubles pièces d'or que par écus, et les onces d'or ou quadruples étaient les monnaies à bien dire courantes de l'Espagne, lorsque les mines du Pérou versaient chez elle tous leurs trésors. Il s'ensuivrait que la monnaie devait être beaucoup plus abondante dans les premiers tems du monde qui nous sont connus, que dans les tems moyens. Ce qui confirme cette opinion, c'est que nous ignorons même dans quelle partie de l'Asie se trouvaient les mines qui avaient fourni tous ces métaux monnoyés. Il faudrait donc, en rejetant l'opinion de BUFFON et celle des prêtres égyptiens, conservée par HÉRODOTE, sur la grande antiquité de la terre, admettre que les peuples que nous reconnaissons comme ayant été la souche du genre humain parvinrent en bien peu de tems à la découverte et à l'extraction des métaux, à la connaissance de leurs qualités, et à leur application aux usages du commerce. Pendant que nous savons de science certaine que chez les peuples nombreux de l'Amérique, peuples dont l'antiquité précise nous est inconnue, les métaux, à l'époque de la découverte, n'étaient pas encore appliqués aux transactions commerciales, pas même aux usages de la vie domestique. Tous les peuples découverts par Cook, dans la mer du Sud, malgré le perfectionnement très-étonnant de la vie sociale qu'il trouva chez plusieurs d'entre eux, ignoraient absolument l'usage des métaux, et ne se servaient que du tranchant de la pierre et du feu pour construire ou creuser leurs pirogues et leurs habitations.

L'emploi usuel de l'or et de l'argent en lingots si considérables par leur volume et leur poids, peut encore être regardé comme une nouvelle preuve de leur abondance ; à moins qu'on ne veuille attribuer ces divisions si fortes à d'autres causes que nous ne pouvons deviner, au nombre desquelles pourrait être l'imperfection du système numéral des anciens, qui se prêtait assez mal à exprimer les quantités les moins élevées, bien inférieur en ce point comme en tous les autres à la numération si simple et si

ingénieuse

ingénieuse que nous devons aux Arabes, et qui a dû être, il n'en faut pas douter, l'une des principales causes des progrès faits par les modernes dans les siences mathématiques.

On est d'abord tenté de regretter la peine qu'il en coûte pour concilier et expliquer l'un par l'autre ces différens systèmes ; mais on reconnaît, à la réflexion, que cette peine même n'est rien moins que perdue : car elle conduit à reconnaître les variations successives qu'a subies la valeur de la même monnaie dans le même pays; observation importante qui jette un grand jour sur des points extrêmement intéressans d'économie politique et de prospérité commerciale, deux choses avec lesquelles les monnaies ont le rapport le plus direct et le plus immédiat.

Le Talent se composait d'une certaine quantité de métal dont le poids servait à en déterminer la valeur; car la quantité de métal nécessaire pour former un Talent variait suivant les différens pays qui faisaient usage des métaux monnoyés, et qui employaient ainsi le même nom pour exprimer des valeurs différentes. Cette quantité variait encore suivant la différence des métaux. Le Talent d'or était au Talent d'argent dans la proportion d'un à seize. (1)

____

(1) On sait que les métaux ont été choisis de préférence pour cet usage, à cause des qualités de leur

Le Talent d'Athènes, le seul dont nous parlerons, était composé de 60 mines, et il est évalué par Budée, qui écrivait au commencement du 16ᵉ. siècle, à 2,300 fr. ;

Par le docteur Bernard, qui écrivait à la fin du 17ᵉ., à 206 liv. sterlings et 5 schellings (2) ;

Par Tourreil, qui a écrit dans les premières années du 18ᵉ., à 2,800 fr. ;

Par les écrivains postérieurs de la fin du même siècle, à 4,550 fr. ;

Enfin par le savant Barthélemy, auteur du *Voyage du Jeune Anacharsis*, vers la fin du 18ᵉ., à 5,400 fr.

Ces différences considérables proviennent des variations que notre monnaie a subies, et que les métaux apportés du Nouveau-Monde ont beaucoup augmentées en rendant l'or et l'argent plus communs (3). Mais l'influence progressive de

matière, la plus malléable, la plus compacte, la plus pesante, et la moins altérable que l'on connaisse. Ces qualités ont aussi déterminé la valeur relative des différens métaux, à la tête desquels l'or a été placé, parce qu'il est le plus rare, le plus divisible, le plus incorruptible, et le plus ductile de tous.

(2) La livre sterling ne valait pas alors 25 francs 60 centimes, comme aujourd'hui. En prenant le terme moyen entre les 2,300 francs du 16ᵉ. siècle et les 2,800 du 18ᵉ., on a 2,550 francs pour la valeur du Talent, ce qui donne 12 francs 36 centimes pour la valeur de la livre sterling à cette époque.

(3) Au 14ᵉ. siècle, l'argent était si rare, en France, que le marc d'agent n'y valait pas plus de 5 francs.

une

cette cause doit s'arrêter vraisemblablement, et même rétrograder peut-être, par la dérivation des espèces, d'abord vers les Indes orientales et la Chine, où les Anglais seuls exportent de 60 à 80 millions par an, qui s'y engloutissent pour n'en plus sortir, et ensuite vers l'Amérique du nord.

Cette grande et industrieuse contrée, grâce à la vigueur de ses institutions exemptes d'alliage, ainsi qu'à la sagesse et à la modération de sa politique, acquiert aujourd'hui une prépondérance bien méritée dans le systême général du monde. Pendant que l'Europe, aux prises avec les prétentions et les préjugés qui la tinrent si long-tems asservie, s'agite pour obtenir des constitutions, qu'elle perd un tems précieux pour le rétablissement de ses relations extérieures et de ses manufactures dans des discussions qui l'écartent de plus en plus du marché général où

______

Une contribution forcée de quatre cent mille francs, imposée à la ville de Paris, sous CHARLES VI, suffit pour ruiner cette ville. Cette somme représentait alors plus de quatre millions de notre monnaie actuelle.

S'il en était de même en Angleterre, comme il est plus que probable, car le commerce, jusqu'alors concentré dans la Méditerranée, n'avait pas encore franchi le détroit de Gibraltar, le Talent d'Athènes, qui, au 17°. siècle, y était évalué à 206 livres sterlings (5,280 francs de notre monnaie d'aujourd'hui), ne valait guères que 500 francs alors. Qu'on juge de l'influence qu'a eu sur la vie sociale la découverte de Christophe COLOMB.

seule de toutes les puissances maritimes de l'Europe, l'Angleterre domine en ce moment, l'Amérique du nord, triomphante des obstacles que sa rivale a vainement voulu lui susciter, recueille pleinement les fruits de son systéme social, élevé sur la base la plus large et la plus solide, celle de l'intérêt public, sans aucune complication d'intérêts particuliers qui, lui étant contraires, puissent l'ébranler ou l'affaiblir.

A l'exemple des anciens Grecs, la nature est le seul guide que les Américains aient suivi jusqu'à ce jour ; et c'est vraiment à ce pays, et peut-être à ce pays seul sur le globe, que peuvent s'appliquer sans restriction ces beaux vers d'un ancien poète :

> Pronaque cùm spectent animalia cætera terram,
> Os homini sublime dedit, cœlumque tueri
> Jussit et erectos ad sydera tollere vultus.

On a vu l'effet irrésistible de cet heureux accord, qui concentre tous les intérêts en un seul, dans le résultat uniforme des luttes longues et acharnées que l'Amérique encore au berceau ou dans son enfance, a soutenues avec tant de succès contre l'Angleterre. Tandis que cette dernière puissance régnait sans rivale sur la mer, l'Amérique du nord, comptant à peine cinq ou six millions d'habitans disséminés sur un immense territoire, a entrepris seule et exécuté ce que n'ont pu faire toutes les marines de l......... Sans avoir un seul vaisseau de ligne, avec une population qui n'est que le tiers de celle de la Grande-Bretagne, seule, elle a contrebalancé la marine colossale de son ancienne métropole ; seule elle a conservé, par sa glorieuse énergie, le principe de la réciprocité sous les rapports politiques et commerciaux, principe que les fautes des gouvernemens Européens ont laissé périr pour eux et pour le reste du monde. L'Europe, entourée de trois mers, avec des ports superbes, des forêts nombreuses, et une étendue de côtes immense, avec une population plus que décuple de celle de l'Angleterre, et et des souvenirs encore assez récens de bien des triomphes maritimes, ne peut seulement se montrer dans la lice ; elle a presque entièrement renoncé à la navigation et au commerce......

D'où vient que l'Amérique du nord a plus fait avec quelques frégates que l'Europe entière avec des flottes de 40 et 50 vaisseaux de ligne, si ce n'est de l'unanimité de ses efforts, qu'un seul et même intérêt dirige et rend invincibles ? Cette puissance moderne, avec ce principe de force croissante, dont rien ne contrarie l'action, et que tout tend à développer chez elle, qui possède un vaste terroir, riche en produits excédant de beaucoup ses besoins, ne peut donc qu'attirer à elle une grande partie des métaux que l'Espagne recevait autrefois de ses possessions Américaines, et qu'elle versait en Europe. Ces métaux doivent donc devenir d'autant moins communs chez nous, et leur valeur doit augmenter en raison de cette rareté.

L'Angleterre, en faveur de laquelle la balance du commerce avec l'ancien Continent penche toujours pendant la paix (et aujourd'hui bien plus que jamais), continue encore tous les jours à rendre cet effet plus sensible, en diminuant la masse de notre numéraire, jusqu'à ce qu'en ayant pompé la majeure partie par son commerce exclusif, elle le reverse, suivant sa coutume, au milieu des nations Européennes, non en rosées fertilisantes comme les eaux du Ciel, mais en pluies destructives accompagnées d'orages et de tourmentes politiques. (1) Tel est l'effet de ces subsides qu'elle paie à leurs divers gouvernemens pour les porter à s'affaiblir et à s'entre-détruire par des guerres continuelles et prolongées. C'est la politique que la Perse suivit long-tems avec succès à l'égard de la Grèce qu'elle eût fini

---

(1) Toutes les fois qu'il est ici question de l'Angleterre, il faut entendre le *gouvernement anglais*, que l'on doit, pour être juste, distinguer de la nation. Les anglais, comme individus, peuvent agir par une impulsion qui leur soit propre. Mais le gouvernement agit par système; et la domination est l'objet de ce système. Tous les anglais sont loin d'en être partisans : mais ils sont tous forcés de s'y plier. De là tant de violences d'une part; tant de plaintes et de mécontentemens de l'autre.

par subjuguer ainsi , n'ayant pu la dompter par
les armes, si la Macédoine, plus voisine et plus
aguerrie, n'y eût réussi plus tôt sous PHILIPPE
et sous ALEXANDRE. Mais l'or et les intrigues
des Perses avaient frayé la route ; et si DÉMOS-
THÈNE put bien retarder cet infaillible résultat,
par sa prodigieuse éloquence , il lui fut impossible de l'empêcher : car, en y réfléchissant,
on voit clairement qu'il ne fallait pas moins que
deux princes du caractère de ces deux rois Macédoniens , et l'existence d'un monarque aussi
vain et aussi imbécille que Darius , pour rejeter enfin sur les Perses les conséquences naturelles de leur politique adroite et corruptrice.

La Grande-Bretagne est pour l'Europe plus
redoutable que la Perse ne le fut jamais pour
les Grecs , bien que la puissance matérielle soit
de nos jours absolument en raison inverse de ce
qu'elle était entre la Grèce et l'Asie ; parce que
l'Angleterre a trouvé le secret d'unir à l'opulence de l'orient les mœurs belliqueuses et les
talens des Grecs. Il ne reste donc plus à l'Europe
d'autre perspective que l'affaiblissement et la dé-
gradation qui replongèrent la Grèce dans une
servile obscurité, lorsque cette contrée célèbre,
minée par les excès insensés des factions , par
la vénalité presque publique de ses orateurs, par
les animosités jalouses que les Perses fomentaient

entre ses divers états, devint une proie facile pour les Macédoniens, et ensuite pour les armées Romaines.

Ainsi, en attendant qu'il soit de l'intérêt de la Grande-Bretagne de livrer l'Europe à de nouvelles commotions, on voit que les métaux monnoyés doivent continuer, par un effet inévitable et constant, de refluer vers les îles Britanniques. La preuve en est, et cette preuve est sans réplique, que la livre sterling, que nous avons vue tomber, sans demande, à 17 et 18 francs, pendant une grande partie de la dernière guerre, vaut aujourd'hui jusqu'à 25 fr. 60 c., c'est-à-dire 50 *pour cent de plus*, différence qui, en fait de monnaie, a quelque chose de prodigieux ; et pourquoi ? parce que l'Europe, apauvrie par cette lutte que les Anglais travaillaient ouvertement à prolonger, et qui, sans nuire à leur industrie intérieure, mettait toutes les colonies en leur pouvoir; l'Europe, disons-nous, est forcée de recourir à eux pour les produits industriels et coloniaux qu'ils possèdent et, par suite, de leur solder en écus la balance qu'elle ne peut leur payer autrement, puisque l'Angleterre repousse tous les produits des manufactures du Continent.

Ces résultats importans dont l'évidence frappe aujourd'hui tous les yeux, et dont le poids accablant ne fera que s'aggraver de jour en jour, sont la conséquence infaillible d'un système fortement conçu, profondément combiné et suivi avec la même persévérance qui rendit autrefois Rome maîtresse et capitale du monde.

Quel est en effet le spectacle que présente aujourd'hui l'Europe? Au midi, les marines de Trieste, de Venise, de Gênes et des autres villes commerçantes de la Méditerranée n'existent plus; celles de l'Espagne et du Portugal sont nulles; dans le nord, celles de la Hollande, de Hambourg et des villes Anséatiques; celles enfin de la Prusse et du Danemarck ont totalement disparu, ou sont à peu près anéanties. Ces puissances n'ayant plus de colonies, n'ont plus de raisons par conséquent pour avoir une marine marchande ou militaire, et la seule puissance qui ait un système colonial, l'Angleterre, n'a pas besoin de courtiers. Combien d'années faudra-t-il donc pour que ces marines, dont il ne reste plus que le souvenir, sortent de leurs ruines et triomphent des causes de leur faiblesse? C'est aujourd'hui que ces pays ressentent les suites non calculées par leurs gouvernemens de cette guerre funeste, où l'Europe menacée dans son indépendance par un soldat qui avait détruit celle de sa patrie, n'y a vu d'autre remède, que de se jetter, (qu'on nous passe cette expression) à corps perdu, dans les bras de l'Angleterre. C'est aujourd'hui que

toutes ces nations s'aperçoivent, par une cruelle expérience, que ce triomphe continental,
qu'elles ont déjà payé si cher, devait leur
coûter en outre la perte de leur indépendance
maritime. Triste effet de leur position violente
entre deux ambitions rivales également gigantesques qui les ont froissées tour à tour : d'un
côté celle d'un peuple aspirant depuis long-tems
à régner sans opposition sur la mer, de l'autre
celle d'un despote qui affectait sur terre la même
suprématie. Bien moins sage que l'Amérique du
nord, l'Europe n'a su éviter l'un de ces écueils
que pour faire naufrage sur l'autre.

De là l'impuissance où sont aujourd'hui toutes
les nations du Continent, malgré les ports nombreux dont la nature les a favorisées, de prendre
aucune part active au commerce naissant qui
s'ouvre sur le marché si opulent et si étendu de
l'Amérique - Méridionale ; commerce dont l'Angleterre se hâte de se mettre aujourd'hui en pleine
possession, et qu'elle travaille à s'assurer selon
ses principes, exclusivement pour l'avenir. N'est-
ce point à cette dernière cause qu'il faut attribuer
ces secousses et ces luttes des peuples Européens
contre les gouvernemens et des gouvernemens
contre les peuples, luttes où l'Angleterre se
montre en secret comme auxiliaire à chacun des
partis existant dans ces divers pays, mais qui en

occupant tous les esprits d'intérêts purement continentaux , remplissent si bien l'unique objet qu'elle se propose, celui d'empêcher par continuation ces mêmes gouvernemens d'ouvrir les yeux sur la perte commune que tous leurs peuples ont faite des sources de leur antique prospérité commerciale. (1)

Ainsi, tandis que cette puissance présente une marine qui ne fut jamais plus formidable , une marine fondée sur tous les moyens propres à la soutenir et à l'augmenter encore , l'Europe est de fait revenue a l'enfance de la navigation, et, comme pour l'empêcher de sortir de cette faiblesse, on dirait qu'une main invisibe la repousse

---

(1) Pour les dédommager de cette perte, on veut leur rendre les tems où il n'y avait ni liberté civile ni liberté politique. Mais l'instant est - il bien choisi ? La privation de ces droits pouvait être moins sensible lorsque des spéculations maritimes et lointaines leur offraient une distraction laborieuse et lucrative dans les débouchés nombreux qui étaient alors ouverts à leur agriculture et à l'industrie de leurs fabriques. Mais aujourd'hui que le commerce du Monde, concentré dans les mains d'un seul peuple, ne laisse plus à tous les autres que le sentiment des pertes qu'ils ont faites ; les esprits dont l'activité , faute d'alimens, est forcée de se replier sur elle-même, se portent naturellement vers les matières politiques, et s'irritent de voir renaître tant de prétentions surannées à des privilèges qui ne semblaient autrefois que ridicules. Si donc les cabinets de l'Europe veulent réussir à s'avilir complètement après s'être ruinés par la ruine de leurs peuples, s'ils veulent parvenir à réparer l'édifice gothique de l'ancien despotisme,

vers cet état long-tems informe des institutions sociales que la diffusion des lumières avait en grande partie corrigé dans le cours du siècle dernier. S'il est permis par le passé de présager l'avenir, considérons quel a été l'effet de la supériorité sans bornes de la Grande-Bretagne. Pour avoir accepté son alliance et ses conseils, voyez ce qui est arrivé à Lisbonne et à Cadix : leur commerce a péri ; se relèvera-t-il jamais ? Pour avoir voulu s'y soustraire, voyez Copenhague et Washington : elles ont été incendiées. Peu s'en est fallu que Paris n'éprouvât le même sort. C'est donc toujours sur des ruines que s'élève cette puissance au profit de laquelle la coalition a combattu et triomphé.

Que deviendra l'Europe, si cette politique continue de marcher sans obstacle vers son but ? L'Inde répond encore à cette question. Voyez à quel joug sa nombreuse population est soumise.

---

il sera nécessaire qu'ils commencent par retrouver quelque énergie pour soutenir du moins au dehors les droits et la dignité de ces mêmes peuples dont ils sont les représentans diplomatiques; qu'ils leurs rendent et leurs vaisseaux et leurs colonies, et la sûreté de leurs pavillons. Alors, ces peuples distraits par des intérêts plus présens, comme la France le fut longtems par le prestige de la gloire militaire, sentiront moins le poids qu'on veut leur imposer. Mais leur inaction totale et les réflexions qui en sont la suite, ne peuvent s'allier avec la patience qui fait supporter de telles choses.

Il faut convenir cependant qu'il existe dans la nation Anglaise une grande quantité de bons esprits qui s'élèvent contre ce machiavélisme. Mais ce sont précisément ceux-là qui ne peuvent ni rien faire ni rien empêcher. Ils sont entraînés par le torrent, comme le fut, il y a quelques années, la nation française, qui payait et déplorait tant de triomphes si cruellement expiés depuis par les vainqueurs comme par les vaincus.

D'un autre côté, le changement total opéré depuis peu dans le système politique de l'Espagne est trop tardif pour arrêter aujourd'hui l'impulsion donnée aux riches et anciennes possessions de cette puissance dans l'Amérique - Méridionale. L'aveugle obstination du cabinet de Madrid lui a fait perdre six années bien précieuses, en discordes et en troubles domestiques semblables à ceux qui nous divisent, et cette perte, en ce qui regarde ses colonies, est probablement irréparable pour l'Espagne. Sa marine est écrasée et elle l'est vraisemblablement sans retour, puisque les élémens sans lesquels il n'y a point de marine, c'est-à-dire les colonies et les manufactures lui manquent. Il lui reste bien encore quelques productions territoriales : mais comme elle n'a point d'Acte de navigation, on ira les lui acheter dans ses ports, et on la paiera en objets fabriqués d'une valeur plus grande. Ainsi l'on achèvera de la dépouiller de son numéraire que les mines du Nouveau-Monde ne viendront plus remplacer dans ses coffres. Le roi d'Espagne enfin désabusé, reconnait et abjure aujourd'hui ses longues erreurs. Il est bien tard : il ne suffit pas en politique, comme en religion, de l'aveu d'une faute pour que l'inexorable fortune la pardonne. Mais aussi pourquoi prendre des conseillers-d'état d'Espagne parmi des inquisiteurs et des catholiques d'Irlande ? (2)

---

(2) Qu'elle serait différente maintenant la position de l'Espagne si son Monarque, *mieux conseillé*, eût suivi depuis six ans la marche populaire et loyale qu'il vient d'adopter, et qu'il eût fait participer ses colonies au bienfait de cette restauration des peuples, dont il donne un si noble exemple ! L'Espagne serait aujourd'hui remontée au premier rang parmi les puissances de l'ancien monde. En concurrence avec les produits des colonies Anglaises, elle nous offrirait ceux de cette superbe Amérique-Méridionale. Six années de bonheur et d'une prospérité sans égale auraient versé leur bienfaisante influence sur les beaux climats de cette contrée et doublé peut-être le nombre de ses habitans, qu'une guerre désastreuse pour eux comme pour le sol, moissonne depuis si long-tems par milliers. Les ports de la Péninsule seraient remplis de leurs vaisseaux marchands et présenteraient un autre spectacle que celui de ces vaisseaux de guerre achetés au loin, armés à grands frais et destinés à porter l'épouvante et la mort dans ces contrées fertiles, qui ne demandaient que la paix et le repos pour ramener dans leur métropole, mieux conseillée, l'abondance, la richesse et la vie dont elle est privée depuis si long-tems.

L'humanité doit pourtant se réjouir d'avoir vu expirer ces effrayantes menaces sous les murs de Cadix : mais l'Espagne aura long-tems à gémir de ces erreurs

Ce triste résultat d'une politique erronée, mais si utile à l'Angleterre, étant aujourd'hui bien fixé pour l'Espagne, il est maintenant de l'intérêt de la Grande-Bretagne de l'obtenir également en France. Serait-ce pour cela que ce foyer de

---

inconcevables. *Quidquid delirant reges, plectuntur Achivi*

Il était sans doute écrit dans les destins que l'Amérique échapperait un jour, par une suite de fautes sans exemple, à la domination d'une puissance qui en avait acquis la possession par une suite d'horreurs et d'atrocités dont la lecture fait frémir, et qu'elle eût dû chercher du moins à faire oublier par la douceur de son administration subséquente ; et il faut convenir que cette punition est aussi juste qu'elle a été lente et tardive. Il est donc consolant de voir la liberté enfin rendue à un Continent tout entier, soumis depuis si long-tems à un régime de fer, imposé et maintenu par un pays d'Europe, qui formerait à peine une chétive province dans ces immenses régions. Mais notre objet est seulement de signaler un fait des plus instructifs dans l'histoire des gouvernemens, fait qui doit avoir une grande influence sur le système monétaire de l'Europe, et de remarquer, en passant, la cause et les suites de cette mémorable révolution, à laquelle un renard, armé de la griffe du Léopard, pourrait peut-être faire une allusion qui ne serait pas sans quelque justesse, en disant comme celui du bon Lafontaine :

> Apprenez.... que tout flatteur
> Vit aux dépens de celui qui l'écoute.

Mais il faut avouer en même tems que la leçon est un peu chère pour le peuple qui a acheté un tel résultat par six années d'une oppression si absurde, que l'histoire en paraît incroyable même pour les contemporains : l'Espagne eût pu devenir libre à meilleur marché. La France, instruite par un tel exemple, payera-t-elle aussi cher son retour à une sage liberté ?

dissensions domestiques qui vient de s'éteindre comme par enchantement au-delà des Pyrénées, se trouve aujourd'hui subitement transporté chez nous ? S'agirait - il maintenant de produire en France la même crise qui, sous le rapport de la marine et du commerce, semble avoir effacé l'Espagne de la liste des puissances maritimes, et ramené l'antique Ibérie à ces tems reculés où elle lisait sur les colonnes d'Hercule : *Nec plus ultrà*? Serait-ce là la cause secrète de ces mouvemens convulsifs et en quelque sorte souterrains qui nous agitent et nous ébranlent, de cette action invisible d'un pouvoir inconnu, inexplicable, qui se fait sentir au centre du corps politique, sans qu'on puisse le saisir, ni l'enchaîner ? Quelques grands intérêts privés en sont sans doute les moyens et les ressorts.... Ah ! la France est-elle donc destinée à parcourir toutes les périodes de cette crise longue et funeste qui a réduit un successeur de CHARLES QUINT à dire à un grand peuple assemblé : « Depuis six ans je me suis trompé. » Nous possédions la moitié la plus précieuse du » Nouveau-Monde; elle ne demandait qu'à nous » rester fidèle. Nos erreurs l'ont séparée de nous. » Nous n'avons plus ni finances, ni colonies, ni » marine, ni commerce, ni population. Pour- » voyez à votre sort. » (Séances des 14, 15 et 16 juillet dernier). Voilà où conduit le gouver-

nement

nement d'un petit nombre d'hommes , exerçant sous le nom du chef de l'état un pouvoir absolu et sans contrôle. Voilà où conduit le pouvoir judiciaire réuni dans la même main au pouvoir exécutif, et surtout l'influence religieuse quand elle parvient à s'emparer de l'exercice du pouvoir civil. Car ce dernier abus est la principale cause de tous les maux de cette nation généreuse , digne d'un meilleur sort.—Ce même monarque avait dit, peu de tems auparavant, à ses sujets : « Selon vos vœux, » j'abolis l'inquisition. » Ah! pourquoi l'avoir ressucitée ?..... Mais quel terrible fléau est-ce donc , puisque ce peuple malheureux répond à l'aveu de sa triste situation par des cris de joie et des acclamations unanimes !

Ces leçons instructives de l'expérience seront-elles donc perdues pour la France et pour l'Europe, spectatrices intéressées de ces grandes scènes politiques?

En attendant, l'Angleterre veille sur sa proie par ses vaisseaux de guerre et les tarifs privilégiés qu'elle dicte à Rio-Janéiro et dans la rivière de la Plata ; par les armemens que dirige un de ses anciens amiraux sur les côtes du Chili, (1) par ses

---

(1) Depuis que ceci est écrit l'on apprend, par les nouvelles , que l'amiral Cochrane vient de s'emparer de vive force de Valdivia , où il a pris entre autres navires , une frégate et deux vaisseaux Espagnols de 1,000 à 1,200 tonneaux chaque ; que l'ex-

corsaires indépendans mêlés à ceux de l'Amérique

---

pédition du général San-Martin , sur Lima , qu'il eût
exécutée seul , mais qui a été suspendue si long-tems
à cause de l'armement formidable dont Cadix menaçait
Buénos-Ayres , va se faire enfin , avec une circonstance cependant dont il n'avait pas été question dans
l'origine : l'amiral anglais Cochrane devient en quelque sorte le chef de cette expédition. Il serait curieux
de savoir maintenant qui a donné dans le principe
l'idée de cet armement si menaçant de Cadix , dont
l'objet semble n'avoir été que de retarder l'expédition
projetée sur Lima , que le général San-Martin eût depuis long-tems exécutée , sans cette diversion. Il serait
curieux de savoir comment on a fait une expédition
maritime de cette campagne , que quelques mois
eussent suffi pour achever par terre, d'autant plus aisé-
ment que les Péruviens semblaient attendre le général San-Martin et ses soldats comme des libérateurs ?
Qui a fourni à cet amiral , en apparence disgracié
et désavoué par l'Angleterre , les grands moyens dont
il dispose pour bloquer par mer , assiéger et prendre
de force des ports fortifiés , et renouveler ainsi, dans
ces mers , au grand bénéfice des îles Britanniques ,
les utiles croisières de l'amiral Anson ?

Enfin , au profit de qui pense-t-on que le général
San-Martin va agir sur le Pérou, et s'emparer probablement des riches mines de ce pays opulent, en
croyant servir la cause des Espagnols d'Amérique ?

Comment concilier ces armemens si dispendieux de
l'Angleterre pour servir les Indépendans du Nouveau-
Monde avec les secours en vivres et en munitions
fournis par elle aux troupes royales qui les combattent ;
avec cet empressement officieux du gouvernement anglais à fréter quelques frégates à la cour de Madrid
pour transporter en Espagne quelques millions de
piastres, pendant que tant d'autres millions bien plus
nombreux ont été interceptés par de soi-disant Indépendans, dans les mers mêmes d'Europe, et presque
sous le canon des forts Espagnols ?

Pense-t-on qu'avec l'intention qui dicta les guerres
furieuses faites par l'Angleterre pour étouffer la liberté

du sud (2), par son influence sans bornes en Portugal, par le crédit et l'activité de ses agens en France.....

Tous ces faits, dont la plupart sont incontestables, dont les autres ne peuvent guères s'établir que par des conjectures que le tems ne tardera peut-être pas à justifier, confirment de plus en plus ce que nous cherchons à établir, c'est-à-dire, la dérivation probable des métaux vers l'Amérique du Nord ainsi que vers l'Angleterre; ce qui, à l'égard de l'Europe, est absolument la

---

et le commerce dans les États-Unis, ainsi qu'en France et en Europe, ses efforts actuels avec le général San-Martin, sur les opulentes contrées du Pérou, soient bien sincères et bien désintéressés ? Croit-on qu'elle y favorise de bonne foi l'établissement des principes d'indépendance qui ont fondé la puissance des États-Unis, et les ont mis en état de rivaliser avec leur ancienne Métropole ? Ou ne cherche-t-elle pas bien plutôt à offrir un joug plus léger à ce pays, à la fois riche en or et fertile en productions, en le débarrassant du joug inflexible de l'Espagne ? L'Europe peut-elle gagner quelque chose, ou n'a-t-elle pas tout à perdre à ce nouveau surcroît de la puissance anglaise ? Voit-on les vaisseaux Européens entrer dans les colonies où l'Angleterre a une fois mis le pied ? Qu'on y réfléchisse.

(2) On se rappelle que l'équipage d'un navire armé indépendant, naufragé il y a quelques mois sur les côtes de la Méditerranée, a été sauvé par les habitans du littoral, et qu'il se composait de 80 Anglais sur 83 ou 84 hommes. Il serait aussi intéressant de connaître où se sont vendues les nombreuses prises faites en mer, et jusqu'en vue des côtes d'Espagne, par ces corsaires.

même chose. Il vaudrait même beaucoup mieux qu'elle eût lieu vers l'Amérique, par une raison évidente : cette puissance offre à tous les peuples réciprocité de tarifs; au lieu que l'Angleterre, n'offre que des prohibitions à ceux mêmes qui admettent ses produits. On peut ajouter en outre que si jamais ces capitaux reviennent sur le continent Européen, ce ne sera plus pour y ranimer l'industrie que nous voyons déjà lutter péniblement contre l'engorgement de ses produits, occasionné par le défaut de navigation; ce sera pour rallumer dans son sein cette fièvre ardente de la gloire, dont les rivalités des peuples Européens développeront, quand il en sera tems, le germe habilement mis en réserve par une politique qu'ils se prêtent de si bonne grâce à favoriser parmi eux.

Le gouvernement français, à une époque antérieure, contribua lui-même à augmenter cette rareté monétaire que nous signalons, en diminuant chez lui la valeur de son or et de son argent monnoyés; mesure qui avait un second inconvénient grave, celui de manquer à la foi publique, puisque les pièces émises la veille, pour leur valeur intégrale, par les caisses de l'état, ne pouvaient plus y rentrer le lendemain qu'avec une perte de 3 1/2 à 20 p. 0\0, pour ceux qui, ne soupçonnant pas une telle surprise, les avaient reçues sans défiance. Cette opération dut contribuer nécessairement à faire exporter une partie considérable de notre numéraire en intéressant les particuliers à envoyer ces pièces au-dehors : car ils trouvaient un grand bénéfice à donner leurs écus en paiement dans des pays où ils étaient encore reçus pour leur valeur entière, et d'où il n'était pas naturel qu'ils revinssent jamais chez nous, puisqu'ils n'y pouvaient rentrer qu'avec une grosse perte pour les détenteurs. C'était le contre-pied de ce qui se pratique en Angleterre, d'où personne n'a intérêt à faire sortir les métaux frappés à son coin, puisqu'ils y valent plus qu'en aucun autre pays du globe : témoins ces Piastres qui vont sous le balancier des hôtels des monnaies anglaises changer leur empreinte, leur nom et leur valeur intrinsèque ou usuelle, contre l'empreinte, le nom et la valeur nominale des *Couronnes* ou doubles écus d'Angleterre.

Si l'on objectait cet axiôme d'économie politique que l'or et l'argent ne sont pas la richesse réelle, mais seulement le signe représentatif de cette richesse, sans vouloir contester cette vérité, nous observerions d'abord que le peuple qui, n'ayant point de mines, a su attirer ces métaux chez lui, ne l'a pu qu'en donnant des valeurs en échange : ce qui prouve qu'il possède la véritable richesse productive, soit agricole, soit industrielle, richesse dont la navigation cependant est nécessaire pour soutenir la valeur.

Nous observerions en second lieu que, par suite de la révolution qui s'est opérée dans le monde avec le système de colonisation et de commerce entre les deux hémisphères, les capitaux ont aujourd'hui un immense avantage sur les produits du sol et de l'industrie, 1°. parce qu'ils sont nécessaires pour les alimenter; 2°. parce que les écus peuvent, au moyen du change, se transporter facilement d'un bout du monde à l'autre; et par cela seul qu'ils représentent toutes les autres valeurs, ils donnent à celui qui les possède l'avantage de se procurer des alliés, de soudoyer des troupes nombreuses, de les transporter rapidement où il en est besoin : grandes causes d'influence, qui, sans parler des moyens de corruption que l'argent procure, sont généralement irrésistibles ; tandis que les produits ou territoriaux, ou industriels, privés des débouchés que donne la navigation, deviennent par leur abondance même, une surcharge, une calamité pour les peuples qui, n'ayant point de marine, ne peuvent aller chercher au-dehors ces débouchés dont ils ne sauraient se passer. Ils sont bien à l'abri de la disette; mais loin d'exercer aucune influence active dans les affaires de la paix, ils sont eux-mêmes exposés à tous les inconvéniens de l'influence extérieure qui agit par la mobilité des capitaux.

Les trois ou quatre coalitions formées depuis 3o ans par les subsides de l'Angleterre l'ont suffisamment démontré. — Les tems de la ligue en fournissent une autre preuve tout aussi funeste pour nous. Les capitaux de l'Espagne, quoiqu'elle n'eût ni fabriques ni agriculture, suffirent alors pour bouleverser la France.

De là deux conséquences évidentes : la première, qu'aujourd'hui les capitaux seuls mis dans la balance l'emportent par leur mobilité sur les valeurs devenues immeubles de l'industrie agricole et manufacturière ; la seconde, que ces deux sources de richesses perdent beaucoup ou s'annulent tout-à-fait entre les mains des détenteurs, lorsqu'ils n'ont point de débouchés, ou, ce qui est la même chose, de navigation. Quand on est forcé d'attendre les acheteurs, ceux-ci mettent aux denrées le prix qu'ils veulent : c'est ce qui arrive lorsqu'une seule nation est maîtresse de la mer.

On voit par là ce qu'il faut penser de l'opinion de ceux qui disent que la France devrait se borner au rôle de puissance continentale, et renoncer tout-à-fait à la navigation à cause de l'infériorité de sa marine. C'est proposer à celui qui peut se servir de ses deux bras, d'en lier un pour lutter avec plus d'avantage contre un athlète robuste qui à toutes ses forces joint des forces d'emprunt qu'il achète. Cela s'applique à l'Europe comme à la France, puisque leur situation est la même. Il n'y a donc de salut pour l'une comme pour l'autre que dans le rétablissement d'un commerce maritime. Mais ce commerce veut de la sécurité ; l'Europe doit donc s'unir à la France pour obtenir ce point, devenu la condition essentielle de son existence et de son repos.

Il faut ajouter cependant que les produits de l'agriculture et de l'industrie sont les seules causes qui appellent les capitaux ; mais qu'avec ces deux causes mêmes, la navigation, en dernière analyse, est indispensable. C'est la réunion de ces trois avantages qui constitue le plus haut degré de prospérité : voyez l'Angleterre.

L'Espagne s'est emparée à coups de canon des mines de l'Amérique ; elle n'a eu besoin que de soldats et de mineurs. Il n'y a point là d'industrie. Dès que la navigation lui a manqué, tout a péri chez elle. C'est à recommencer.

L'Angleterre a attiré à elle le produit de ces mines par des échanges servant de débouchés à son industrie active, dont les produits sont transportés sur ses vaisseaux ; elle y joint le transport des produits de l'industrie étrangère , qu'elle seule va chercher partout où il y en a , pour les porter où il en est besoin : triple cause de prospérité. Aussi l'Angleterre fleurit et domine. La différence est du tout au tout.

Mais ce n'est pas seulement en fait de monnaies que l'Angleterre suit avec succès des principes tout opposés aux nôtres, et une ligne de conduite non moins opposée aux principes mêmes qu'elle professe hautement. On la voit réussir où les autres peuples échouent.

C'est ainsi que la liberté des Noirs est sans con-tredit une généreuse théorie, que la Grande-Bretagne a toujours préconisée , et qu'il est ho-norable pour l'Europe d'avoir généralement adop-tée , quoiqu'on l'élude encore. Mais on ne peut disconvenir que son application brusque et non préparée a ruiné la puissance coloniale de la France , et , par suite , sa puissance navale, en lui faisant perdre Saint-Domingue , si justement nommée la reine des Antilles (1). Tandis que

____

(1) On ne s'occupe guère aujourd'hui de l'impor-tance de cette perte. Sous le rapport monétaire seu-lement , elle est immense. Saint-Domingue seule, sans parler de presque toutes les Antilles que nous avons perdues, non-seulement suffisait à notre con-sommation annuelle , mais son incroyable fertilité était telle que de la vente de l'excédant de ses produits la France tirait tous les ans une somme de plus de cent millions de bénéfices réels. J'ai vu des états qui la

l'Angleterre, tout en proclamant avec ostentation
ce même principe d'humanité à la face des nations, tout en se constituant l'arbitre suprême
chargé d'en assurer militairement l'exécution,
et surtout d'en punir les violateurs par la con-
fiscation des Noirs à son profit, s'est bien
gardée d'en faire elle - même l'application,
soit en l'introduisant dans ses propres colonies,
soit en *rendant* du moins les *Noirs* ainsi
confisqués à la liberté (2). On voit ce qu'il
faut penser de ses protestations philantropiques.
— Aussi a-t-elle à peu près seule conservé toutes
ses colonies productives et florissantes, pendant
que celles du reste de l'Europe, à quelques
îles près, lui ont échappé, ou travaillent à se
rendre indépendantes : événemens importans qui
signalent l'époque où nous vivons, et dont la
cause est dans l'émancipation subite des noirs
de Saint-Domingue, dans le refus d'émancipation
des vastes colonies Espagnoles, enfin dans la

----

portaient, dans les dernières années avant l'insurrection des Noirs, à plus de 150 millions. Que de capitaux
perdus pour son agriculture, pour son industrie manufacturière et pour sa marine !

(2) Qu'il y a loin de cette conduite à celle de l'Amérique du nord, qui forme en ce moment, à Sierra-
Léone, un établissement de noirs affranchis, instruits
dans tous les détails de la culture, pour l'apprendre
aux Africains et les détourner de cette vie fainéante
et nomade qui les porte à se vendre les uns les autres,
comme esclaves, aux Européens !

destruction de toutes les marines marchandes, due à la longue guerre continentale fomentée par la Grande-Bretagne, qui seule en recueille tous les fruits ; car elle commerce seule avec ses propres colonies, et presque seule avec tous les pays qui dépendaient autrefois de l'Europe ; et le grand levier qui a servi à produire tous ces mouvemens n'est autre chose que la concentration des capitaux monnoyés entre les mains d'un seul peuple. Quand on réfléchit à ces grands résultats et aux ressorts mis en jeu de longue main pour les obtenir, on est forcé d'avouer que si l'Europe a des hommes de cabinet, l'Angleterre a des hommes d'état. (3)

----

(3) Quelques mots encore sur ce sujet important. Pourquoi l'Angleterre a-t-elle rompu le traité d'Amiens? Peut-on croire qu'en se déclarant la protectrice de l'indépendance générale, elle eût sincèrement en vue de venger les libertés de l'Europe, comme elle affectait de le dire ? Il lui fallait un prétexte : elle a pris celui-là. Peut-être encore n'est-elle pas étrangère aux efforts faits pour rejeter les Français sous la domination de la cour de Rome, qu'elle a elle-même chassée de ses états? Tout est moyen pour une puissance ambitieuse..... Si l'on pouvait sonder la vraie cause de la persécution renouvelée depuis peu contre les Protestans du Midi de la France, et des troubles auxquels ce malheureux pays est livré depuis quelques années, peut-être au fond tout cela se réduirait-il au dessein secret de ruiner la culture de la soie en Europe pour la borner à l'Asie, et s'en assurer par là le monopole ; ainsi que de détruire le canal du Languedoc, pour séparer les deux mers, et pour détacher peut-être

Plus on citera de faits concernant l'économie politique, telle qu'elle résulte présentement de la situation diplomatique de l'Europe, plus on trou-

---

de la France cette partie importante qui fournirait à l'Angleterre ses vins si propres à former le fond de ses nombreuses cargaisons. Ce serait une excellente succursale du Portugal et de Madère !.... De tout tems l'Angleterre a convoité la Guienne, le Poitou, la Saintonge, pays qu'elle a jadis occupés, et qu'elle regrette sans doute, à cause de l'immense utilité dont ils seraient aujourd'hui plus que jamais pour le maintien de sa puissance navale. L'ambition est insatiable; et l'on voit qu'ici elle ne serait pas moins éclairée sur les moyens d'atteindre un but de la dernière importance pour elle.

Mais, pour revenir au prétexte adopté par l'Angleterre, en 1802, que lui importaient les libertés de l'Europe, qui n'étaient pas encore attaquées alors ? L'histoire a déjà dit qu'elles ne le furent que plus tard, lorsque les principales puissances Européennes, ayant accepté les subsides de l'Angleterre, menacèrent encore une fois la France, qui réagit ensuite contre elles, après avoir triomphé. Ce qui importait à l'Angleterre, c'était que ses denrées coloniales et ses produits fabriqués ne fussent pas pour long-tems exclus sur les marchés de l'Europe qui aurait appris à s'en passer, si l'influence française eût continué de les en écarter. Voilà le vrai motif de cette guerre.

Pourquoi, depuis encore, en 1812, la Grande-Bretagne a-t-elle provoqué de mille manières les Américains du Nord, ne leur laissant d'autre alternative que de se déclarer pour elle contre la France, ce qui les eût remis sous la tutelle anglaise ; ou de se résigner à la honte d'un avilissement insupportable ? Les libertés de l'Amérique étaient-elles aussi sur le point d'être envahies par la France ? Tous les ports français n'étaient-ils pas étroitement bloqués par les forces supérieures des Anglais eux-mêmes ? Que pouvait donc la France contre les Américains ? N'était-elle pas dans l'impuissance totale de leur nuire ? Au lieu que l'Auvera de raisons de croire à la justesse de notre conjecture sur la raréfaction progressive des espèces métalliques dans la partie occidentale de

---

gleterre les menaçait et les insultait journellement ; et le vrai motif de cette conduite violente n'était pas d'ajouter à ses alliés, déjà si nombreux, un allié bien inutile, puisque les Français et les Américains ne pouvaient se faire qu'une guerre nominale, en s'excluant réciproquement de leurs ports respectifs, ce qui même était déjà fait par le blocus des ports de France : c'était uniquement parce que les Américains étaient le seul peuple alors dont l'Angleterre rencontrât la concurrence dans le commerce du Sud et du Nord-Ouest de l'Amérique, ainsi que dans celui des Grandes-Indes. En comparant la liste de leurs 1,000 vaisseaux de guerre, dont 227 frégates et 220 vaisseaux de ligne, à celle d'une demi-douzaine de frégates que possédait l'Amérique Septentrionale, les Anglais se flattaient que cette puissance n'aurait pas la témérité de leur faire la guerre, et, en conséquence, ils *pressaient*, c'est-à-dire, ils enlevaient insolemment ses meilleurs matelots sur tous les navires américains qu'ils rencontraient à la mer, et même jusques dans les ports et les rivières des États-Unis ; ou si la fierté américaine se révoltait contre leur conduite oppressive, ils espéraient qu'un si faible ennemi, se voyant privé de ses meilleurs marins, enlevés d'avance par cet usage aussi perfide qu'insultant, ne pourrait leur opposer une sérieuse résistance. Mais ils comptaient surtout que, dans cette lutte inégale, le commerce de l'Amérique périrait bientôt paralysé comme celui de l'Europe. Et, en effet, les Américains n'ayant pas un seul vaisseau de ligne pour protéger leur nombreuse marine marchande contre les Escadres et les Croisières Anglaises, dont la mer était couverte, ce résultat paraissait inévitable ; mais l'énergie de ce peuple libre a trompé tous les calculs d'une avide politique, et en a constamment triomphé, sur mer comme sur terre, pendant trois années successives d'une guerre achar-

l'ancien Continent, et sur la marche rétrograde, qui nous paraît probable, vers le surhaussement que cette rareté doit y produire dans le prix de ces mêmes métaux, par conséquent vers la valeur qu'avait, dans le 16ᵉ. siècle, le Talent monétaire des anciens Grecs.

---

née conduite, de la part des Américains, avec une modération, une bravoure, une loyauté vraiment chevaleresques, qui commandent l'admiration et forment un étonnant contraste avec la conduite ingénéreuse et presque toujours atroce de leurs ennemis. Enfin le général JACKSON la termina d'une manière éclatante par la déconfiture entière de l'armée anglaise, sous les murs de la Nouvelle-Orléans. Aussi l'Angleterre, vaincue et humiliée en Amérique, après avoir revendiqué en Europe tout l'honneur du triomphe de la coalition contre la France, s'est-elle hâtée, pour étouffer le bruit de cette défaite fatale, de signer la paix à Gand, en renonçant à toutes ses prétentions, et en traitant, pour la seconde fois, d'égal à égal avec ce peuple, qu'elle s'était flattée hautement de châtier et de ramener sous le joug de l'obéissance.

Est-ce donc pour assurer la liberté du nouveau comme de l'ancien Monde que les Anglais, se livrant à un genre de guerre sans exemple, désolaient impitoyablement toutes les côtes des États-Unis par le pillage et la dévastation ; qu'ils livraient aux flammes Washington et menaçaient de brûler Baltimore ; qu'ils cherchaient enfin à anéantir, avec la marine naissante de l'Amérique, le seul commerce dont ils eussent alors à redouter la concurrence, comme ils avaient anéanti celui de l'Europe ?

« Non, répond l'auteur Américain qui a donné l'his-
» toire de cette guerre importante pour le Monde
» entier, non, l'Angleterre ne soutenait pas la cause
» des nations, mais celle de sa seule ambition. Non,
» elle n'était pas le boulevard de la civilisation, mais
» la cruelle et perfide instigatrice des sauvages. Non,

En parcourant l'histoire de la Grèce, par Ro-
BERTSON (et c'est un de ces livres qui sont à bon
droit classiques en Angleterre), on a souvent occasion d'admirer la profondeur et la justesse
des réflexions de cet auteur, lorsqu'il loue dans
les Grecs, comme une preuve de leur bon
sens et de leur sagacité politique, le soin particulier que tous en général prirent constamment
de maintenir la balance du pouvoir égale entre
les diverses nations qui habitaient cette contrée ;
lorsqu'il fait remarquer que c'est au maintien de
cet équilibre que les peuples de ce pays célèbre
durent la situation florissante et l'existence
glorieuse qui l'ont distingué du reste du Monde.
Cette observation suffit pour montrer le terme
auquel doit arriver l'Europe (qu'on peut justement ici comparer à la Grèce), si elle n'op-
pose aucune barrière à cette prépondérance
sans bornes qu'exerce aujourd'hui sur ses destinées une seule des nations qui la composent.

Qu'il nous soit permis de revenir sur cette

» enfin, elle n'était pas la dernière, espérance du
» Monde. — Un pareil titre n'appartient qu'à l'Amé-
» rique, qui, sans se proclamer fastueusement la
» protectrice des nations, *a défendu en effet leurs
» droits avec les siens*, et offre au Monde la preuve
» vivante que la tyrannie n'est pas nécessaire à la
» stabilité des états, et que pour être grand, heu-
» reux, prospère, un peuple ne doit ni se dégrader,
» ni se laisser avilir. »

idée exprimée précédemment, pour exposer, en peu de mots, ce qui pourrait en rendre la réalisation probable. Il suffit d'être Européen pour en avoir le droit.

Ce court développement peut encore n'être pas sans intérêt par la considération importante qu'il sert à lier l'époque où nous vivons avec celle de l'antiquité qui a eu le plus d'influence sur le sort de l'espèce humaine, et surtout parce que l'époque présente est de nature à avoir à son tour une influence peut-être éternelle sur le sort futur, non-seulement de l'Europe, mais du Monde entier. Si les ouvrages dramatiques des anciens sont intéressans, c'est surtout parce qu'ils portent l'empreinte caractéristique des mœurs contemporaines. Par le même motif, quelques réflexions sur un tel sujet peuvent n'être pas inutiles, en constatant la situation des choses et des esprits, dans ce moment, l'un des plus remarquables de l'histoire des hommes.

Pendant combien de siècles a subsisté l'usage barbare de tuer, de vendre ou de rendre esclaves les prisonniers faits à la guerre ! Le premier exemple qui en fut donné a été long-tems suivi. Que de maux il a causés! Que de larmes il a fait couler! Mais enfin la voix de l'humanité est parvenue à se faire entendre, et a mis

fin à

fin à cet abus criant de la loi du plus fort. Puisse la voix d'un obscur citoyen attirer aussi l'attention des hommes qui tiennent en main les destinées de tant de nations, sur l'essai que les chefs d'un peuple puissant semblent tentés de faire à nos yeux d'un système capable de devenir pour long-tems funeste à tous les autres !

> Et si de l'obtenir je n'emporte le prix,
> J'aurai du moins l'honneur de l'avoir entrepris

Puisse sur-tout cette voix être entendue de ceux qui, après avoir renversé le despote du Continent, semblent vouloir hériter de ses dépouilles et de ses desseins !

Isocrate écrivit autrefois à Philippe pour le détourner du projet de soumettre la Grèce entière par la voie des armes, projet que sa conduite faisait supposer avec raison : « Respectez, » lui disait-il, dans cette adresse fameuse, l'indépendance d'un pays qui a été le berceau » de la liberté, la patrie des héros, des arts, » de la philosophie, et qui est habité par le » le peuple dispensateur de la gloire et de la » renommée. Assez d'autres entreprises plus » utiles et plus honorables peuvent occuper vos » armes. Tournez-les contre la Perse ; elle » vous offre des dépouilles plus riches et plus » dignes de vous........ »

Ce monarque, élevé par Épaminondas, avait

déjà donné ARISTOTE pour précepteur à son
fils ; il était digne qu'on lui parlât ce langage ;
et quoi qu'en ait dit ROBERTSON, il paraît qu'il
l'entendit : car il ne tarda pas à substituer les
négociations à la voie des armes. Ses vues ambitieuses changèrent d'objet, et au lieu de per-
sister à vouloir subjuguer la patrie de MILTIADE,
de THÉMISTOCLE, et de son propre instituteur
ÉPAMINONDAS, il se borna à briguer l'honneur
de marcher à la tête des Grecs contre les Perses
dévastateurs de la Grèce. Il l'obtint, et, devenu le chef de cette ligue fédérative, il
allait partir pour cette mémorable expédition
dont la gloire ne lui était pas réservée, lorsqu'il périt par un coup imprévu, laissant ce
brillant héritage à son fils ALEXANDRE, qui se
montra capable de le recueillir.

« O vous, dirais-je à l'imitation d'ISOCRATE,
» aux chefs entreprenans de ce peuple moderne,
» vous qui séduits sans doute par l'éclat du
» rôle que vous jouez en ce moment dans les
» conseils des princes Européens, voudriez en-
» core étendre une domination, déjà trop étendue
» peut-être, n'avez-vous donc pas de projet
» plus grand à former que celui d'asservir et
» de diviser des peuples que vous avez en-
» traînés par le généreux dessein de se lever
» en masse pour défendre leur indépendance

» menacée ? Le renversement de votre ennemi
» déclaré serait-il donc un exemple perdu pour
» vous ? Et n'avez-vous, par le concours de tant
» d'heureuses circonstances , triomphé de celui
» que vous nommâtes les premiers le tyran de
» l'Europe que pour vous mettre à sa place?
» L'Europe n'aura-t-elle fait que changer de
» tyrannie ?..... Renoncez , pendant qu'il en est
» tems encore , à des projets trop semblables
» aux siens : *Periculosæ plenum opus aleœ !....*
   » N'êtes-vous pas rassasiés de richesses et d'opu-
» lence ?.... Voyez vos particuliers, pour assister
» au spectacle d'un couronnement , louer une
» maison pour un jour au prix extravagant de
» près de 200,000 francs ; un autre de vos guer-
» riers , chargé des dépouilles du Continent ,
» élever un palais qui doit surpasser la magni-
» ficence de ceux des rois... (1). Souvenez-vous
» que Rome n'était pas loin de sa ruine , lorsque
» ses citoyens , ne sachant que faire de leurs
» trésors , les employaient , suivant l'expression

----

(1) Les journaux anglais , au moment où l'on a
parlé du couronnement pour la première fois , ont
désigné une maison, située sur le passage du cortége ,
qui était arrêtée par de riches curieux pour une somme
de 7,500 livres sterlings.

Les mêmes journaux , répétés par les nôtres , ont
parlé du plan d'un magnifique palais qui doit être cons-
truit pour le Lord Wellington , et qui ne coûtera pas
moins de 7,000,000 sterlings.

» de SALLUSTE, *in extruendo mari.* Combien
» de fois n'a-t-on pas dit que la modération
» peut seule justifier et assurer les résultats de
» la victoire ? Pour avoir fatigué la fortune,
» plus d'un conquérant a succombé sous le poids
» de ses triomphes ; et les vainqueurs du monde
» ont été vaincus par des barbares.

» A la funeste célébrité d'Érostrate, à celle
» de Cambyse, dévastateur de l'Egypte, ne
» pouvez-vous préférer la gloire de Washing-
» ton, fondateur d'un vaste empire, qui, le
» premier, ne s'agrandit que par des voies con-
» ciliatrices, et n'employa la force que pour
» sa conservation ? Voulez-vous une autre gloire
» plus active et non moins digne des lumières
» de votre siècle ? Comme ces demi-dieux de
» l'antiquité, employez votre puissance à purger
» la mer des pirates qui la désolent ; tournez
» franchement vos armes, que seconderait toute
» l'Europe, contre ces peuplades barbares qui
» ont fait un repaire de brigands des lieux où
» florissait Carthage, et dont l'existence est une
» ignominie pour nous. Travaillez à civiliser
» l'Afrique. Au lieu de vous approprier les es-
» claves que vous y laissez trafiquer encore,
» pour les enlever ensuite dans le trajet du
» Sénégal et de Gambie au golfe du Mexique,
» renvoyez-les dans leur patrie. Défenseurs de

» la liberté de l'Europe , puisque vous en avez
» pris le titre , rendez encore leur liberté à ces
» hommes que l'on n'a pu en priver , comme
» vous le soutenez avec raison , qu'en violant
» toutes les lois divines et humaines. Qu'on ne
» puisse pas dire que vous aimez mieux les prendre
» pour rien que de les acheter comme font ceux
» que vous voulez avoir le mérite de punir
» de ce trafic, sans que ces malheureux aient
» rien à gagner en changeant de maîtres. Ap-
» prenez leur la culture. Citez leur l'exemple
» de Saint-Domingue , où leurs compatriotes
» nous prouvent aujourd'hui que des Noirs
» sont capables de cultiver comme nous et de
» se gouverner eux-mêmes ; vous arrêterez enfin
» ce mélange bizarre de deux couleurs que la
» nature avait séparées, en concentrant les nègres
» dans leur terre natale, dont les sept huitièmes le
» sont encore incultes Habillez, civilisez la nouvel-
» Hollande, la nouvelle Zélande. Inculquez aux
» peuples de ces vastes contrées les notions
» du droit des gens. Liez ainsi tout le genre
» humain par une chaîne plus douce que celles
» dont on garrotte encore les malheureux Afri-
» cains. Votre nation est la seule qui puisse
» le faire avec succès : seule elle a les moyens
» aujourd'hui de parcourir et de fréquenter tous
» ces rivages. Que si pourtant vous voulez à

» toute force faire revivre en vous le Peuple
» Roi ; si vous ne craignez pas d'entendre re-
» tentir à vos oreilles les grands noms de Paul-
» Emile, des Scipions, des deux Catons, (je ne
» parle pas du tien vertueux et modeste Fabri-
» cius ; j'ai peur qu'il n'y ait plus de Cinéas
» pour m'entendre), songez qu'ils avaient des
» vertus ; songez surtout qu'ils ont dédaigné de
» dérober la gloire par d'indignes subterfuges :
» ils l'ont méritée, ils l'ont prise d'assaut ; elle
» est à eux, l'histoire ne la leur conteste pas.

» Mais si, par une alliance difficile, vous vou-
» liez à la fois et la gloire immortelle de ces
» grands hommes et l'opulence de Crassus et de
» Lucullus, craignez de n'obtenir que la der-
» nière. Bornez du moins alors votre domina-
» tion à l'Inde. L'éloignement de ces riches et
» vastes contrées, d'où vous avez chassé tous
» les peuples Européens, qui les avaient dé-
» couvertes et qui les possédaient avant vous,
» empêche ce qui s'y passe de retentir en Eu-
» rope.... Mais, quoi! elle était en paix. Quelle
» secrète inquiétude y circule ? (1) Ah ! si
» vous y pouvez quelque chose, aidez-la de
» tous vos moyens à conserver cette paix. Vous

____

(1) Ceci est écrit depuis la fin du mois de Mai 1820,
avant les événemens de Naples et la marche des troupes
autrichiennes sur l'Italie.

» savez que trente ans de guerres qu'elle a sou-
» tenues pour vous ont épuisé son sang et ses
» trésors. Elle vous saura gré du mal que vous
» lui épargnerez, et fera tourner à votre honneur
» le bien immense que vous pouvez faire ailleurs
» à moins de frais qu'il ne vous en coûterait
» pour la troubler encore. Vous en faites partie
» vous-mêmes ; faites aussi cause commune avec
» elle. Écartez en l'action, depuis si long-tems
» funeste, des deux principes, dont le mauvais,
» trop souvent vainqueur, tient l'Asie courbée
» depuis des siècles sous un joug avilissant et
» destructeur qu'accusent encore les ruines des
» villes les plus opulentes de l'Orient. Laissez à la
» nature seule le droit de la destruction ; il n'est
» permis qu'à elle : elle en a besoin pour repro-
» duire.

· » Assez d'autres noms iront grossir la liste dé-
» testée de ces dominateurs subalternes qui ont
» abusé du pouvoir des princes pour avilir et
» garrotter les peuples. Voulez-vous donc que
» vos noms soient flétris dans les fastes de l'his-
» toire à la suite de ces noms dont vous par-
» tageriez l'odieuse célébrité ?

» Songez que les anciens avaient d'autres idées
» que nous. Les talens, l'audace et le mépris de
» la mort étaient, vous le savez, les seuls titres
» qu'ils connussent à l'estime et à l'admiration
» des hommes. Caton sans doute était sublime

» en refusant de survivre au malheur de sa
» patrie. C'était le triomphe de la vertu et de
» la grandeur d'ame ; mais la liberté succom-
» bait avec lui dans le monde, pour ne reparaître
» que 18 siècles après dans votre île.

» Cicéron faisait, par l'éloge de la clémence,
» tomber des mains de César, devenu l'arbitre
» de la vie et de la mort dans sa patrie, la
» condamnation de Ligarius : c'était le triomphe
» de l'éloquence ; mais ce n'était pas celui de
» la justice. Mais l'ostracisme et la mort étaient
» prodigués tour à tour par une aveugle multi-
» tude, ou par un despotisme sanguinaire, aux
» vertus et aux services les plus signalés. Mais
» la mort ou les vils travaux de l'esclavage étaient
» la seule perspective des vaincus et la récom-
» pense de l'héroïsme et du courage : Epictète
» était esclave ; Horace fils d'un affranchi........
» Mais la mort de Socrate et l'exil d'Alcibiade
» avaient donné le signal de l'intolérance re-
» ligieuse. Un sentiment vague, indéfini, faisait
» déplorer ces excès ; mais la raison n'avait pas
» encore résolu ces grandes questions :

> » Quel est l'objet de la société ?
> » Jusqu'où va le droit de tous sur chacun ?
> » Jusqu'où va le droit de l'épée ?

» Ces solutions lumineuses et simples, dont

» l'honneur appartient aux modernes , n'étaient
» pas érigées en principes et mises en pratique
» par un monde tout entier , qui était alors
» inconnu. Elles n'avaient pas deux fois triomphé
» des efforts d'une puissance (je le dis à regret,
» c'était votre patrie), qui, par un étroit calcul,
» voulait se faire un monopole , un privilége
» de la liberté qu'elle avait ressuscitée. Des
» hommes célèbres, élevés sous l'égide de cette
» liberté , à l'abri du sort de Galilée, (de ces
» hommes qui ont fait dire que , dans la chaîne
» des êtres , notre espèce va se lier à la divi-
» nité), s'abandonnant à l'impulsion de leur
» génie, n'avaient pas encore analysé la lumière,
» la pensée, et jusqu'à l'air que nous respirons,
» ni révélé au monde , si long-tems immobile ,
» les lois du mouvement qui le dirige dans l'es-
» -pace. — Un homme prodigieux n'avait pas
» encore levé le voile qui couvrait ici bas la
» moitié de la création. — Une invention heu-
» reuse n'avait pas donné aux navigateurs le
» moyen de se conduire sur la mer, dont vous vou-
» lez surtout vous réserver la propriété exclusive.
» Deux autres inventions plus utiles encore n'a-
» vaient pas appris à multiplier la pensée , et
» surtout à interposer la conscience impartiale
» de la société entre la tyrannie armée du glaive
» de la justice et l'homme courageux qu'elle

» persécute par instinct....; double frein dont le
» pouvoir ne s'indigne et qu'il ne cherche à
» secouer que lorsqu'il aspire à devenir absolu.
» Ses efforts pour le rompre annonceront tou-
» jours aux hommes les projets du despotisme :
» car le pouvoir, content des limites de la loi,
» le seul que la société puisse vouloir, ne craint
» pas les excès dont la raison publique sait le
» venger, et que l'autorité légale dont il est
» investi suffit toujours pour réprimer.

» Voyez que d'avantages la raison, éclairée par
» les progrès de la science, nous donne sur
» l'imagination des anciens! C'est elle encore
« qui nous a appris à joindre aux vertus de
» la terre une vertu qui vient du ciel : l'amour
» de l'humanité. Malheur désormais à qui fou-
» lerait ou mépriserait l'espèce humaine, et
» chercherait à élever une grandeur factice sur
» l'avilissement des hommes! Il vivra, il mourra
» chargé de leur mépris et de leur exécration,
» et l'histoire flétrira d'un opprobre ineffaçable
» son nom et sa mémoire.

» N'interdisez donc pas, dans les pays où
» votre influence n'est pas douteuse, l'usage de
» tant de nobles facultés, sous prétexte d'en
» supprimer l'abus. Ne cherchez point à les
» corrompre, et, au lieu de vouloir ressusciter
» la barbarie, étendez, affermissez la civilisa-

» tion. Ambitieux imprudens, réfléchissez donc
» qu'elle seule peut respecter les conquêtes de
» vos armes et de votre industrie. Lorsque la
» barbarie était à vos portes, lorsque vous aviez
» à peine assez d'agriculture pour suffire à vos
» besoins, votre pauvreté vous mettait-elle a
» l'abri des invasions ?.... Les Danois, les Saxons
» inondaient tous les ans votre territoire : que
» sera-ce quand ces pays, aujourd'hui civilisés
» comme vous, mais par vous refoulés bientôt
» vers la barbarie, vous verront chargés des
» dépouilles de la terre ?.... Votre gloire et
» votre intérêt s'unissent pour vous conseiller la
» modération et la franchise. — Considérez donc
» qu'ils vous faudra plus d'efforts et de peines
» pour obtenir l'exécration et le mépris de la
» postérité que pour recommander vos noms à la
» reconnaissance des hommes. Laissez nous les
» inscrire à la suite de l'un des plus grands noms
» modernes, celui de Washington. Ne vous in-
» dignez pas de ne marcher qu'après lui : il a
» deux gloires de plus que vous : il vous a vaincus
» et il s'est vaincu lui-même. Il n'y a pas de
» plus beau caractère dans l'histoire.

» Le patriotisme, sans doute, fait la force
» des peuples ; mais s'il devient intolérant et
» exclusif, il les isole et les rend odieux ; cou-
» tenu dans de justes bornes, il est généreux

» et dispose à la philantropie, qui est la plus
» noble des vertus, ou plutôt elle les renferme
» toutes : active et puissante, c'est la divinité
» même. La gloire, la véritable gloire est donc
» dans vos mains. Adoptez enfin et réalisez cette
» idée, si encourageante pour l'homme, de la
» perfectibilité humaine, qui prévaudrait bientôt,
» malgré ses détracteurs intéressés, si, au lieu de
» chercher presque partout à le dépraver par la
» misère, à le dégrader par le vice au profit
» de quelques-uns, on voulait l'ennoblir, l'élever
» à ses propres yeux en lui laissant ses droits. L'A-
» mérique du Nord vous en a donné l'utile exem-
» ple ; ayez le courage et l'honneur de le suivre.
» Ne dites pas que ce sont là de belles chimères,
» des théories impraticables ; cette Amérique
» du Nord, dont votre plus beau titre de gloire
» sera un jour d'avoir été les fondateurs, en
» offre aujourd'hui *la preuve vivante*. Puisque
» le génie du despotisme a ravi cette gloire à
» la France en l'égarant dans la route de l'am-
» bition, saisissez vous en les premiers : ce
» sera le plus beau fruit de votre triomphe.
» Que cette ère soit marquée de vos noms. Quel
» Consulat de Rome pourrait être mis en pa-
» rallèle? Laissez-nous appliquer à cette épo-
» que, plus justement qu'à celle d'Auguste
» que tant de tyrans ont suivi, ce vers

» prophétique du prince des poëtes latins :

» **Magnus ab integro sæclorum nascitur ordo.**

» Après la divinité, vous aurez joué le plus
» beau rôle sur la terre. Il n'était pas au pouvoir
» d'un homme seul : il est au pouvoir d'une
» nation placée dans les circonstances où est la
» vôtre. Une telle occasion ne s'offre pas deux
» fois au même peuple. Une telle époque ne
» s'est pas rencontrée depuis la création.

» Voilà quelques idées plus dignes de la phi-
» lantropie dont vous mériterez, en les adop-
» tant, mais en les adoptant avec franchise, d'être
» proclamés les glorieux défenseurs.

» C'est à votre monarque actuel que Robertson
» dédiait l'histoire intéressante des peuples im-
» mortels de la Grèce. En lui offrant pour mo-
» dèles les vertus des Grecs, il ne lui suggère
» que des idées généreuses. En lui conseillant
» l'amour de la patrie, ce grand historien,
» l'honneur de la vôtre, ne lui dit pas de re-
» garder et de traiter les autres peuples de l'Eu-
» rope comme des Barbares. S'il vivait encore,
» il serait le premier à vous en montrer la
» honte et le danger.

» Ce qu'Isocrate disait à Philippe ne regar-
» dait qu'un seul peuple ; et il eut le bonheur
» de se faire entendre de ce monarque ambi-
» tieux, à une époque où son fils, ne violait

» pas encore le droit des gens en vendant comme
» esclaves trente mille Thébains que le sort des
» armes avait remis entre ses mains. Nous sommes
» dans un tems où ces trente mille prisonniers
« eussent été rendus sans condition à la liberté ;
» et ce que je dis est plus grand encore, plus
» noble, plus digne d'une nation opulente et
» éclairée qui ne doit plus avoir d'autre am-
» bition que celle de la gloire : il s'agit de tous
» les peuples de la terre, avec lesquels vous
» êtes presque seuls en contact sur tous les points
» du globe.

» Mais si vous n'êtes pas faits pour entendre
» un tel langage, si vos esprits restent aveuglés
» par de faux calculs de gain et d'ambition,
» déposez le sceptre de la mer ; vous n'êtes pas
» dignes de le porter. Quittez le, vous dis-je ;
» il vous échappera. Il se brisera dans vos mains
» comme le talisman de l'opinion se brisa dans
» les mains d'un homme dont il faisait la puis-
» sance, parce que, trompant à plaisir ses des-
» tinées, que la fortune a fait passer dans vos
» mains, il voulut de cette opinion, toute puis-
» sante quand on la suit, faire le sceptre d'une
» tyrannie universelle ; il voulut enfin ravaler
» une nation généreuse qui l'avait élevé sur le
» bouclier, à la honte de n'être plus que le
» jouet et l'instrument du despotisme. Elle s'in-

» digna , l'abandonna à lui-même ; voyez ce
» qu'il était et ce qu'il est devenu !.... »

Pourquoi faut-il que l'ame, ouverte à des sen-
timens qui l'élèvent et l'agrandissent, prête à
s'épanouir aux doux rayons d'une espérance si
honorable pour ceux qui peuvent la justifier,
si intéressante enfin pour l'espèce humaine, dont
le bonheur ici-bas y est peut-être attaché pour
une longue suite de siècles, pourquoi faut-il
que l'ame se resserre en même tems par la crainte
d'un projet funeste qui tendrait à nous rejeter,
avec toute l'Europe, dans la situation violente
où l'Espagne a gémi pendant six années cruelles?

Ah ! qu'on ne dise pas, ou qu'on cesse de dire
à l'oreille des rois, pour exciter et entretenir
leur ressentiment contre les peuples, que la
France et l'Espagne devaient, pour servir d'exemple, expier leurs torts envers leurs souverains ;
qu'on ne dise pas, ou qu'on cesse de dire en
même tems aux peuples qu'ils ont le droit de
résister à des princes faux ou imbécilles, pour
perpétuer dans les états Européens les funestes
dissensions qui les déchirent et celles qui les
menacent encore. — Puisque le premier intérêt
de tous les peuples est la paix au dehors et la
tranquillité au dedans, double condition sans
laquelle il n'y a pas de bonheur pour eux, la
duplicité politique que nous signalons ne pourrait

profiter qu'à un seul peuple qui voudrait fonder sa puissance sur la ruine de tous les autres ; et ce projet, heureusement au-dessus des forces d'un seul, ce projet odieux, qu'il ne pourrait avouer s'il l'avait formé, comment pourrait-il parvenir à l'exécuter, si ce n'est en excitant sans cesse d'un côté les peuples à l'insurrection, de l'autre les princes à la tyrannie ? Ce n'est donc qu'en alarmant ainsi les uns sur leur autorité, les autres sur leur liberté, qu'il pourrait réussir à rejeter de nouveau l'Europe dans le chaos et la confusion.

Voilà les deux écueils entre lesquels l'Europe se trouverait placée, comme elle le fut il y a quelques années, entre les deux ambitions rivales qui l'ont conduite au point où elle se trouve.

Et quel est le peuple dont la prospérité aurait besoin, pour se soutenir, d'une pareille perfidie ? Quel est le peuple qui, *seul*, pourrait y gagner ? — S'il existait, quel qu'il soit, ne serait-il pas le *seul* ennemi de tous les autres ?

Alléguerait-on des tarifs de douanes existans, et la dignité d'une nation puissante que tout désigne comme étant la seule qui aurait pu concevoir un tel projet, puisqu'elle est la seule qui pourrait en profiter ? Dirait-on que cette dignité empêche de revenir sur le passé ?

Ah ! la

Ah ! la première dignité des nations, quelles qu'elles soient, comme des chefs qui les conduisent, leur intérêt le plus cher, leur sûreté la mieux entendue, c'est la justice et la franchise. Et quant aux tarifs de douane, surpris ou imposés à la faiblesse ou à l'ignorance, qu'on y réfléchisse, et l'on verra qu'ils ne sont autre chose qu'une guerre d'avarice déguisée sous l'apparence d'une paix trompeuse, qui prépare toujours une guerre plus funeste... Ceux qui souffrent peuvent donc et doivent toujours chercher à les changer. Voilà où se bornent en définitive, aujourd'hui, toutes les combinaisons de la politique. En voilà tout le secret....

Eh quoi ! l'usage barbare, substitué par l'avarice à la cruauté, de vendre les prisonniers faits à la guerre, a pu être aboli aux acclamations de l'humanité, et c'est au moment où les sciences et la raison illuminent à l'envi toutes les parties de l'ordre social qu'il faudrait voir dans des tarifs de douane un obstacle insurmontable aux autres améliorations que le bon sens indique, et que l'Europe, éclairée par l'exemple de l'Amérique, sollicite à grands cris dans le droit des gens ! Non, non ; déjà les peuples votent eux-mêmes les dépenses de la paix et de la guerre : l'impulsion est générale autant que généreuse. Un seul peuple pourrait-il se flatter de l'arrêter à son profit ?

S'il en était ainsi, il resterait à lui prouver qu'il n'en a pas le droit, sauf à montrer ensuite qu'il n'en a pas non plus la force.

Reprenons donc le cours de ces réflexions : elles n'ont pas d'autre but que l'accomplissement de ce grand œuvre, noble ambition permise aux particuliers comme aux princes.

La découverte de Christophe Colomb semblait, par les immenses communications qu'elle ouvrait, avoir mis la terre à l'abri d'une domination universelle, telle que les Romains en ont donné l'exemple. Mais voici qu'un peuple a déjà franchi l'obstacle qui paraissait s'opposer au renouvellement d'une semblable influence. Que dis-je ? il s'en est fait un moyen victorieux ; et l'empire de la mer, dont les erreurs de la politique Européenne le laissent tranquillement en possession, lui donne une puissance bien plus étendue que celle des Romains, puisqu'il n'y a pas de rivage si éloigné qui puisse être à l'abri de ses attaques soudaines, et qu'enfin il a le pouvoir d'annuler pour le genre humain tous les avantages de la découverte de l'Amérique, en interrompant à son profit la communication générale entre les peuples des deux hémisphères. (1)

____

(1) Voici le code de sa politique, mis en beaux vers par un de ses poètes, l'auteur du poème des

L'Europe est des quatre grandes divisions de la terre celle qui a le plus à souffrir de se voir

Saisons, et en musique, par Handel, compositeur célèbre. C'est le chant national des Anglais. Nous en hasardons ici une faible traduction. — On pourra voir à la fin de cet Ecrit les vers anglais traduits vers par vers en latin. Enfin nous y ajouterons le chant national des Français au commencement de leur révolution. L'on jugera, par la comparaison de ces deux morceaux de poésie vraiment historiques, de quel côté se trouve l'ambition des conquêtes.

Strophe Première. Lorsqu'à la voix du Ciel l'Angleterre sortit du sein des flots azurés de la mer, voici la charte qui lui fut donnée, et les génies protecteurs chargés de veiller sur elle firent retentir l'air de ces accens : « Grande-Bretagne, sois la reine de » l'Océan ; les Bretons ne seront jamais esclaves.

2. » Dans leurs révolutions, les autres peuples, moins heu- » reux que toi, tomberont sous le joug des tyrans. Toi, tu » fleuriras ; grande et libre, objet de terreur et d'envie pour tes » rivaux. Grande-Bretagne, sois la reine de l'Océan ; les Bretons » ne seront jamais esclaves.

3. » Ne crains rien de tes luttes avec l'étranger : chacune d'elles » te verra t'élever plus majestueuse et plus terrible. Ainsi la tem- » pête mugissante qui bouleverse les airs ne fait qu'affermir sur ses » racines le chêne dont la main de la nature a peuplé tes forêts. » Grande-Bretagne, sois la reine de l'Océan ; les Bretons ne seront » jamais esclaves

4.° » L'orgueil et l'astuce des tyrans voudraient en vain appri- » voiser ta fierté. Leurs efforts impuissans pour te courber sous le » joug ne feront qu'allumer ta généreuse ardeur : ils tourneront » à leur perte et à ta gloire. Grande-Bretagne, sois la reine de » l'Océan ; les Bretons ne seront jamais esclaves.

5. » Tu tiens déjà le sceptre de l'agriculture. Le commerce » embellira tes cités florissantes ; l'Océan soumis t'appartiendra » tout entier. Tous les rivages qu'il baigne de ses flots seront à » toi. Grande-Bretagne, sois la reine de l'Océan ; les Bretons ne » seront jamais esclaves.

6. » Compagnes fidèles de la liberté, les Muses se fixeront sur » tes bords heureux. Ile fortunée ! tes beautés seront sans rivales, » et le mâle courage de tes guerriers saura les défendre. Grande- » Bretagne, sois la reine de l'Océan ; les Bretons ne seront jamais » esclaves. »

7. Ses enfans répétèrent avec transport ces accens glorieux. Les conques des Tritons y répondirent à l'unisson, et les Nym- phes des eaux, les belles Naïades, mêlant à ce concert leurs voix harmonieuses, on entendit ces prophétiques mots retentir jus- qu'aux Cieux : Grande-Bretagne, sois la reine de l'Océan ; les Bretons ne seront jamais esclaves.

exclue du domaine que la nature a rendu commun à toutes les nations, et dont elle ne révéla la destination véritable qu'au génie d'un seul homme, sans doute pour qu'aucun peuple ne pût prétendre à déshériter les autres de ce superbe bienfait. Les découvertes du génie appartiennent à tous les hommes sans exception ; comment la plus belle de toutes appartiendrait-elle à un seul peuple ? De quel droit surtout appartiendrait-elle exclusivement au peuple qui refusait à Colomb les moyens que ce grand homme sollicita vainement à Londres d'exécuter cette magnifique entreprise ? Car c'est au refus de la cour de Londres que Colomb se vit forcé de retourner en Espagne pour essayer encore une fois de vaincre les premiers refus qui l'y avaient long-tems repoussé.

Six années d'une conduite inexplicable, et qui est encore une énigme dont la marche des événemens pourrait cependant servir à indiquer le mot, ont fait perdre à l'Espagne ses droits long-tems respectés en Europe, et auxquels les frais de la découverte payés par elle servaient du moins de fondement sur les belles contrées de l'Amérique du Sud, qui proclament aujourd'hui leur indépendance. Quel droit a l'Angleterre de recueillir seule cette riche succession ? Aucun, sans doute. Mais si elle en avait le projet (et pendant que nous discutons, elle alimente en

Amérique les combattans des deux partis), l'Europe, en rentrant dans la carrière des troubles qui, depuis trente ans, l'éloignent de tout commerce maritime, sera-t-elle assez insensée pour favoriser elle-même une marche si contraire à ses intérêts ? Telle est aujourd'hui la question. Elle commence à s'éclaircir par degrés : continuons.

Tous les gouvernemens de cette partie si intéressante du globe, héritière des arts et des connaissances que la Grèce, qui en faisait elle-même partie, a légués au genre humain, auraient-ils donc sitôt oublié les motifs que l'Angleterre, alarmée pour ses intérêts exclusifs, fit valoir pour les décider à accepter ses subsides et à réunir leurs efforts contre la France ? N'était-ce pas la puissance toujours croissante de son redoutable chef, et l'ambitieuse intervention qu'il affectait dans leurs affaires ?

Mais ces mêmes gouvernemens commettraient-ils aujourd'hui l'erreur étrange d'oublier que cette ambition, qui les alarma justement, était celle d'un homme, et non celle de toute sa nation ; qu'il entraîna cette nation, comme celles qu'il avait ajoutées à son empire, de succès en succès, et malgré elle, dans une coopération forcée à ses desseins gigantesques ? Mais entre la France, qui dominait alors, et l'Au-

gleterre , qui domine aujourd'hui , n'y a-t-il
pas cette différence capitale que l'ambition de
la première était , comme on vient de le dire ,
toute dans un homme , et qu'elle cessa par la
chûte de ce personnage étonnant ; au lieu que
l'ambition de la seconde ne peut être de même
imputée à son dernier monarque , qu'on a vu
depuis tant d'années privé de ses facultés intellec-
tuelles ? Elle existe dans les chefs principaux
et en quelque sorte inamovibles de la nation ,
qui l'ont intéressée , en partie du moins , au
maintien de cette domination acquise par un
système constamment suivi , qui ne date pas de
quelques années , mais dont les fondemens furent
jetés , depuis plus d'un siècle , par un de ces
hommes extraordinaires que la fortune et son
génie élevèrent au rang des rois.

Une autre observation , qui n'est ni moins
vraie , ni moins encourageante pour l'Europe ,
c'est que la grandeur colossale de cette nation
ne tient pas tant à une puissance réelle et posi-
tive qu'aux combinaisons de sa politique ; d'où
il résulte , par une conséquence forcée , que le
sentiment de cette infériorité de ses forces re-
lativement à l'étendue de ses vues et de son pouvoir , l'éloigne par système de la franchise , de
la générosité , et même de la justice , qui ne
tendraient qu'à la réduire à sa puissance réelle.

Cette disproportion, habilement déguisée sous les prestiges dont elle sait s'entourer, lui fait au contraire une loi, pour conserver et agrandir encore un empire déjà si étendu, d'appeler à son secours la puissance auxiliaire de ces moyens mécaniques dont elle a su faire l'application aux arts et à l'industrie. De là la nécessité pour elle de chercher ses points d'appui dans l'Europe même, lorsqu'elle veut la remuer avec ce levier d'or qu'elle tient entre ses mains; c'est-à-dire, d'employer tour à tour ses divers gouvernemens comme instrumens les uns contre les autres, de manière qu'en ne mettant elle-même en jeu qu'une faible partie de ses forces, nécessaire pour donner l'impulsion, elle en conserve toujours la meilleure partie intacte, en cas d'échec; et cette partie, qu'elle ne peut jamais engager dans des démêlés qui se vident sur le Continent, n'est autre chose que sa marine.... On doit comprendre maintenant combien nous avons raison de dire que les grands capitaux l'emportent sur la richesse territoriale pour l'exécution de semblables projets, et pourquoi tout est calculé pour les attirer et les retenir en Angleterre.

Par la marche habile qu'on vient de signaler, la Grande-Bretagne a obtenu le résultat si honteux, on peut le dire, et si funeste pour l'Europe, de détruire la puissance navale de tous

les autres états, *même en s'alliant avec eux ;*
parce que les peuples, épuisés par leurs dispendieux et longs armemens sur terre, ont
oublié la marine. Aussi n'ont-ils plus ni commerce maritime, ni colonies, ni débouchés pour
leurs produits, ni forces pour reconquérir leur
ancienne influence navale..... Gouvernemens Européens, voilà le cercle que vous avez aidé vous-
mêmes à tracer autour de vous. Comment pour-
rez-vous en sortir ? Ce n'est plus, comme na-
guères, un seul homme qui vous y tient en-
fermés : c'est une nation industrieuse, opulente,
plus éclairée que vous, et que vous avez rendue
forte de vos divisions intempestives.

Voilà pour l'Europe. Traversons les mers,
et suivons-la dans un autre hémisphère. Après
avoir distrait par la guerre continentale les puissances qui n'avaient que des vaisseaux marchands,
et écrasé successivement et en détail les marines
militaires du Dannemarck, de l'Espagne et de
la France, la Grande-Bretagne ne voyait plus
sur l'Océan qu'un seul pavillon qui osât flotter
encore à côté du sien. Fidèle à son système,
elle a voulu l'abattre comme les autres. En conséquence, pendant que toutes les puissances de
l'ancien continent, qu'elle avait soulevées, étaient
encore aux prises (1), elle s'est hâtée de por-

____

(1) En 1812.

ter la guerre sur les côtes de l'Amérique du Nord, et comme il fallait l'écraser promptement, et avant que la lutte continentale fût terminée, de peur que l'Europe ne se ravisât enfin, ce n'est pas à des moyens ordinaires qu'elle a eu recours : c'est une guerre d'extermination qu'elle a faite. Elle allait, disait-elle, *recoloniser* l'Amérique. Sa politique lui conseillait d'être impitoyable : elle n'a point hésité.

Elle a commencé d'abord par une mesure inouie jusqu'à nos jours : celle d'enlever les marins de sa rivale, en pleine paix, et de les forcer à servir sur ses propres vaisseaux. Ensuite, lorsque l'Amérique indignée de cet outrage, contre lequel elle se borna long-tems à réclamer, lui declara enfin la guerre, elle traita ces matelots (tous hommes de choix : c'était l'élite de la marine Américaine), comme des prisonniers faits sur le champ de bataille, et les jetta, au nombre de plusieurs milliers, dans ses cachots. Enfin, pendant que ses vaisseaux bloquaient et pillaient à la manière des pirates toutes les côtes des Etats-Unis, par une cruelle diversion, elle soulevait contre eux, sur leurs frontières Occidentales, des tribus nombreuses de Sauvages qui déjà commençaient à se livrer aux arts de la civilisation, qui cultivaient en paix un sol fertile, s'y attachaient par l'attrait de la propriété, et s'accoutumaient à regarder les Américains comme des amis et des bienfaiteurs, auxquels ils devaient le bonheur jusqu'alors inconnu d'une nouvelle existence. Tel était l'état prospère de ces tribus dont la population s'augmentait visiblement, lorsque des orateurs ambulans vinrent, par des discours forcenés, réveiller parmi elles cette humeur belliqueuse que des mœurs plus douces avaient amortie. Ramenées bientôt à leur ancien caractère par de cruelles instigations, la plupart se rangèrent sous les drapeaux anglais, et apprenant de leurs nouveaux alliés l'art de régulariser leurs terribles attaques, en même tems qu'elles reprenaient avec les armes leur impitoyable férocité, elles portèrent le fer et la flamme dans les établissemens Américains, massacrant les femmes, les enfans, les vieillards, sans épargner un seul individu. Enfin, au mépris de toutes les lois de la guerre, en usage chez leurs alliés mêmes dont ils n'étaient que les auxiliaires, ils assommaient et égorgeaient de sang froid jusqu'aux blessés et aux prisonniers désarmés, sous les yeux des Anglais mêmes à qui ces malheureux venaient de se rendre par capitulation, et qu'on vit, loin de s'y opposer, récompenser ensuite ces barbares, en les enivrant de liqueurs spiritueuses.

Croit-on que de telles horreurs fussent gra-
tuites? non; ce gouvernement n'en commet point
d'inutiles; mais quand elles peuvent lui servir,
il n'en est aucune qu'on ne puisse attendre de
sa politique. Dès qu'il s'agit du maintien ou de
l'accroissement d'une puissance hors de proportion avec sa force réelle, il n'hésite jamais
à sacrifier les considérations de justice et même
d'humanité, que tous les peuples respectent
sous le nom de droit des gens, parce qu'elles
sont le boulevard de la civilisation contre la
barbarie. Son but était de soumettre l'Amérique; il sentait bien qu'il ne pouvait la vaincre
par les armes seulement : il fallait donc employer, avec les armes, la terreur et l'épouvante ; il n'a point balancé. — Croit-on qu'il
balancerait en Europe? Pour qui s'est - elle
battue et affaiblie depuis la fin du dernier siècle ?
Et plus récemment encore, qu'est devenue Parga,
ce dernier asile où une population généreuse et
libre conservait en silence un reste du feu sacré qui dévora les innombrables armées du
Grand-Roi... Ah! l'existence de cette peuplade,
triste reste du peuple fameux dont nous cherchons à ranimer la cendre, liait encore notre
ère à des tems glorieux qui ne sont pas sans
analogie avec elle, et dont l'exemple, instructif
pour l'Europe, nous rappelant le souvenir,

pouvait ressusciter une flamme qu'on travaille depuis trente ans à éteindre dans l'ancien monde, et qu'on a deux fois essayé vainement d'étouffer dans le nouveau.

Avec quelle perfidie ils ont sacrifié cette ville infortunée ! (1).

Mais cette justice éternelle qui fit de la mer la propriété commune de tous les peuples, et qui, pour rendre impossible toute délimitation exclusive sur sa vaste étendue, ordonna que le sillon tracé à sa surface n'y pourrait laisser qu'une empreinte fugitive, cette justice éternelle ne per-

-----

(1) *Extrait des papiers Anglais,   du 18 juillet 1820.*

Dans la chambre haute, les lords Lauderdale et Bathurst ont justifié sir Thomas Maitland de tout ce qu'on lui reprochait par rapport à sa conduite envers les Parganiotes. Ce dernier a comparé l'affaire de Parga à celle d'Egypte, dont les Anglais s'étaient emparés; parce que son occupation par les Français *était contraire à leurs intérêts.*

Les Français occupaient-ils Parga lorsque les Anglais ont livré aux Turcs cette ville qui se reposait sur la foi anglaise, comme les Américains qui, après avoir capitulé, étaient abandonnés aux Sauvages pour être égorgés de sang-froid. Parga n'avait reçu les Anglais que sur la promesse qu'ils la défendraient de ses féroces ennemis. Mais ses malheureux habitans ont été chassés de leurs foyers par l'entremise de ceux mêmes qui devaient les protéger. Ils errent depuis ce tems dans les îles et sur les côtes de l'Adriatique, vivant des secours de la pitié publique, qu'ils sont réduits à implorer. Leur existence dans leur patrie était sans doute *contraire aux intérêts des Anglais leurs alliés!.....*

mit pas que la victoire couronnât une ambition soutenue par de tels moyens ; et l'Amérique triompha. Cependant, fidèle à cette modération, qui est la véritable politique, elle s'est bornée à stipuler,

« Que désormais son pavillon et ses marins
» seraient respectés pendant la paix ; que pour
» eux, lorsqu'ils seraient neutres, la mer resterait
» libre comme la nature l'ordonna, et qu'enfin
» l'Angleterre pourrait être traitée en Amérique
» comme l'Amérique le serait en Angle-
» terre. »

Voilà les principes clairs, simples, évidens, auxquels doivent se rallier toutes les nations du monde. L'Amérique du Nord les proclama, les défendit au péril de son existence ; l'Europe lui doit le tribut de sa reconnaissance et de son admiration. Tous les yeux sont déjà fixés sur elle : car elle devient par la force des choses l'allié naturel de tous les peuples Européens, puisqu'elle leur offre à tous de les recevoir sur le même pied qu'elle sera reçue chez eux. Puisse cette politique simple, et dictée par le bon sens, devenir bientôt générale ! Il n'y aura jamais eu de plus sainte alliance.

Si la Grèce dut sa gloire et sa prospérité au maintien de l'équilibre entre ses divers états, l'Europe, qui à tant de titres la représente aujourd'hui, ne peut fleurir sans cette même condition. C'est donc à l'obtenir que doivent aspirer tous les gouvernemens qui la régissent; et il suffit qu'ils le veuillent : il ne faut pour cela ni dépenses ni guerres. L'Amérique en a fait les frais; il ne s'agit que de l'imiter. Que deviendrait l'Angleterre si les débouchés du continent se fermaient pour elle?.... Elle a voulu le monopole. Eh! bien, qu'elle le garde; il sera sa juste punition. Érésichton mourut de faim au milieu des objets que son avarice avait changés en or.

Que peut perdre l'Europe à cette mesure temporaire ? N'a-t-elle pas déjà tout perdu ? Quelle part a-t-elle au commerce du monde? Ses vaisseaux ne gagnent pas même le frêt des marchandises des deux Indes, que ses habitans ont l'aveugle fureur de consommer. Tant que l'état d'infériorité, ou plutôt de nullité où elle se trouve subsistera, ses trésors continueront de s'écouler vers les lieux d'où elle tire les objets de consommation devenus pour elle des besoins; et cette situation ne fera que s'aggraver encore de jour en jour.

En effet, tous les Conquérans qui ont soumis ou ravagé le monde, ont dédaigné de faire eux-mêmes le commerce. Ils détruisaient la force politique des états; mais ils respectaient, ils encourageaient même les efforts de l'intérêt particulier. Partout ils ont laissé subsister le commerce dans toute sa liberté. En détruisant la superbe Tyr, Alexandre fondait Alexandrie qui ne devait fleurir que par le commerce. Les Romains renversèrent Carthage ; mais elle voulait aussi être conquérante et leur disputer la possession de la Sicile et de l'Espagne. — Soumission et tribut, telle était la seule devise des Conquérans de tous les siècles.

Aujourd'hui que les lumières en se généralisant ont rendu plus difficile ce métier qui n'est fondé que sur l'emploi de la force ouverte, le gouvernement moderne dont il s'agit a pris un biais qui le conduirait peut-être à moins de frais au même résultat, si le progrès de ces mêmes lumières, joint à l'intérêt le plus évident des peuples soumis, n'y mettait obstacle.

Les anciens Conquérans, avons nous dit, laissaient à chaque peuple, à chaque ville, le libre exercice de ses facultés industrielles et commerciales (1). La prospérité particulière était donc favorisée : le peuple conquis pouvait porter

_____

(1) « C'est dans ces idées que Cicéron disait si bien : » Je n'aime point qu'un même peuple soit en même » tems le dominateur et le facteur de l'univers. » » *Nolo eumdem populum imperatorem et portitorem*

partout où ils étaient le mieux payés, les produits de son industrie et de son terroir. Les habitans ne perdaient que leur importance politique. Aujourd'hui les maux de la conquête sont doublés : il ne reste rien à ceux qui la subissent. Le peuple que nous signalons étant à la fois commerçant et conquérant, détruit

---

esse terrarum. Montesquieu, liv. xx, chap. 4. Et l'on connaît ces beaux vers de l'Enéide, qui peignent si fidèlement la politique audacieuse et envahissante des Romains :

Excudent alii spirantia molliùs æra,
Credo equidem ; vivos ducent de marmore vultus;
Orabunt causas meliùs; cœlique meatus
Describent radio et surgentia sydera dicent :
Tu regere imperio populos, Romane, memento :
Hæ tibi erunt artes, pacisque imponere morem,
Parcere subjectis et debellare superbos.

D'autres avec plus d'art (cédons leur cette gloire)
Coloreront la toile, où, d'une habile main,
Feront vivre le marbre et respirer l'airain;
De discours plus flatteurs charmeron les oreilles;
Décriront mieux du Ciel les pompeuses merveilles.
Toi, Romain, souviens-toi de régir l'univers.
Donne aux vaincus la paix, aux rebelles, des fers ;
Fais chérir de tes lois la sagesse profonde :
Voilà les arts de Rome et des maîtres du monde.

(DELILLE.)

Le chant national des Anglais, qu'on a lu précédemment, n'est évidemment qu'une imitation de cette idée si admirablement rendue par Virgile ; comme la conduite du gouvernement Anglais est évidemment une imitation modifiée de celle du Peuple - Roi.

Un homme a voulu, de nos jours, se faire, au 19e. siècle, conquérant et marchand à la fois : on a vu comme ce projet lui a réussi. L'Angleterre veut aujourd'hui lui succéder dans l'exécution de ce dessein. L'Europe le souffrira-t-elle ?

dans

dans chaque pays et le corps politique et la prospérité particulière. Aujourd'hui, tout ce qui va se joindre à la domination Anglaise est perdu pour le reste du Monde, et ne peut plus commercer qu'avec l'Angleterre seule. Les pays qui sont dans ce cas, perdent donc jusqu'au bénéfice de la concurrence pour la vente des fruits de leurs travaux : vice qui a surtout détaché l'Amérique-Méridionale de l'Espagne, et précédemment l'Amérique du Nord de la Grande-Bretagne.

Les peuples qui se soumettent à l'influence Anglaise sont donc traités deux fois plus mal que les peuples soumis par les Romains et par les anciens Conquérans.

Cette considération du système exclusif qui fait la base de la politique guerrière et commerciale de l'Angleterre suffit seule pour ouvrir les yeux tôt ou tard sur l'avenir qui les attend, à ceux qui se sont laissé ou qui se laisseraient encore garrotter dans les liens de cette politique doublement destructive. Ses colonies, et notamment l'Inde toute entière, ne travaillent et ne suent que pour la Grande-Bretagne, qui met le prix qu'elle veut aux produits de ces vaste pays. Il en est de même déjà de presque tout el'Amérique du Sud. (a)

____

(a) D'où vient que nous payons en France 20 sous

Ainsi autrefois, en détruisant la force, le lien politique des peuples, il était de l'intérêt des conquérans de respecter et de favoriser même l'industrie des particuliers, parce que le paiement des tributs en dépendait. Mais on voit aujourd'hui, dans les pays étrangers aux lois Anglaises, où cette puissance peut s'introduire, soit par la guerre, soit par l'intrigue, on voit, dis-je, dépérir toute espèce de prospérité sociale. C'est surtout à l'industrie navale et manufacturière des particuliers que se fait la guerre la plus active. C'est cette industrie que l'on voit poursuivre dans les fabriques et dans le peu de maisons de commerce qui hasardent encore quelques armemens, quelques entreprises. Que sont devenues Brême, Hambourg; Lubeck, Dantzick, Copenhague, et toutes les villes de la ligue Anséatique ? Que sont devenues toutes les cités commerçantes créées au milieu des flots par l'industrie des Hollandais; enfin, tous les établissemens commerciaux du Nord au Sud de l'Europe ? La guerre que l'Angleterre alluma les a détruits, et son système

---

et plus une livre de sucre brut, qui n'en coûte pas plus de cinq ou six chez le colon ? Où passent ces énormes bénéfices ? si ce n'est au peuple qu'on trouve partout interposé entre le cultivateur ou fabricant, et le consommateur ? C'est donc notre propre argent qu'on nous prête pour nous battre et nous entre-égorger.

de monopole et d'exclusion les empêche de se relever.

Quel est le résultat de cette situation générale ? Il est calculé d'avance par ceux qui l'ont causée ; le voici : En ruinant l'industrie, elle généralise l'inaction, le malaise et l'inquiétude. Les hommes n'étant plus occupés de travaux capables d'assurer leur subsistance, sont forcés de tourner leurs vues ailleurs : les idées de guerre se réveillent, et voilà précisément ce que veut l'Angleterre. Son gouvernement a besoin d'une guerre nouvelle en Europe pour s'affermir dans la possession de l'Amérique du Sud.

Peuples Européens, divisez-vous donc ; battez-vous encore ; l'Angleterre vous prêtera de l'argent ; elle vous fournira des munitions et des armes pour vous entre-détruire ; et quand vous serez las, épuisés, elle viendra dans vos congrès tenir la balance de l'Europe, et préparer de nouvelles guerres par des traités insidieux et insultans pour les vaincus. Elle redemandera l'argent qu'elle aura prêté : car elle ne veut rien perdre ; elle fait la guerre par spéculation comme le commerce ; surtout elle aime à la faire faire... Quant à elle, elle gardera ce qu'elle devait rendre, Malte, l'Ile - de - France, la Dominique......

Elle vous occupe de débats scandaleux en Europe entre des têtes couronnées; débats qui seraient presque ridicules entre des particuliers, et qui rappellent la scène burlesque de *George-Dandin*, dans Molière. Et, semblable à l'escamoteur qui distrait le public par la singularité de ses discours, pour pouvoir opérer sans être aperçu le tour qu'il projette, pendant que vous ouvrez de grands yeux sur cette parade qui n'inspirerait que du dégoût, s'il ne s'agissait des chefs d'une grande nation, elle prend de force les plus beaux ports du Chili; elle marche sur la capitale du Pérou; elle s'empare, dans les ports de ces beaux pays, des frégates et des vaisseaux Espagnols.... Ces importantes régions appartiennent à l'Espagne son alliée, par la même raison que la Jamaïque à l'Angleterre. Mais qu'importe, si cela lui convient? Son droit des gens est-il le même que le vôtre?.... L'amiral Cochrane est disgracié, dira-t-on. Mais tant de milliers de soldats Anglais, de fusils Anglais, jetés sur le territoire de l'Amérique du Sud sont-ils aussi condamnés à l'exportation? En ce cas il faut se taire et admirer la droiture de cette politique, et l'utilité de l'alliance Anglaise; il faut laisser l'Espagne bercée, pour ne pas dire bernée, de je ne sais quel fol espoir, disputer aux Etats-Unis les Florides qui ne sont plus à elle, pendant qu'elle a mérité par sa conduite ailleurs, de voir ses plus riches colonies lui échapper.

Que répondrait cependant l'Angleterre si les Cortès lui opposaient aujourd'hui sa conduite de 1778 et 1779, et ses principes d'alors, en vertu desquels elle arrêtait, jusques dans les mers d'Europe, et confisquait tous les navires neutres *quels que fussent leurs chargemens*, dès qu'ils étaient seulement destinés pour ses colonies insurgées de l'Amérique du Nord ? Conduite insultante, qui détermina enfin la Russie, la Suède et le Dannemark à donner, pour la première fois, le spectacle d'une neutralité armée, pour faire respecter de concert leurs pavillons méprisés et leurs sujets pillés en pleine paix, au mépris du droit des gens. On vit alors ces puissances ressentir l'injure et établir, depuis la Baltique jusques dans l'Océan, une espèce de gendarmerie navale pour la sûreté des voyageurs sur la mer, par la même raison qu'elles l'établissent sur les grands chemins dans l'intérieur de leurs états (1).

____

(1) Montesquieu disait, au commencement du 18°. siècle : « La grande Charte des Anglais défend de » saisir et de confisquer, en cas de guerre, les » marchandises des négocians étrangers, à moins que » ce ne soit par représailles. Il est beau que la na- » tion Anglaise ait fait de cela un des articles de sa

L'Europe, aujourd'hui dans une situation encore plus déplorable, causée par ses longues erreurs, et qui a besoin d'un semblable remède, l'Europe dépouillée par la perte de ses colonies et de tous ses vaisseaux des moyens d'occuper activement sa population au-dehors, comme elle le faisait autrefois, ira-t-elle de nouveau s'adresser aux Anglais pour redemander ses trésors, à la condition de se déchirer encore de ses propres mains?..... Non, non. Il serait heureux pour l'Angleterre elle-même d'accorder de bonne grâce un changement qui lui garantirait un avenir exempt d'orages. N'est-elle pas au plus haut degré de puissance qu'une nation puisse atteindre avec les données qui lui échurent en partage? Une politique franche et loyale serait donc plus favorable à ses intérêts et à sa gloire, que l'irritation qui serait bientôt la suite d'un système d'exaspération dont tous les peuples souffrent, et sur lequel ils commencent enfin à ouvrir les yeux. Elle doit sentir qu'il lui importe de réconcilier avec l'aspect de son immense prospérité les nations aux dépens desquelles elle est acquise.

L'histoire instructive de l'ancienne Grèce, tracée

» liberté. » Quelle différence entre les principes de la politique anglaise au commencement et à la fin de ce même siècle!

par l'un de ses plus illustres historiens, renferme une grande leçon : si la paix funeste
d'Antalcidas, surprise à la jalousie d'Athènes
et de Lacédémone par les intrigues des Perses,
remplit leurs vues en affaiblissant pour un tems
les divers états de la Grèce qu'elle divisait, ce
triomphe ne fit qu'indigner tous les peuples qui
se voyaient sacrifiés à une astucieuse ambition.
Il ne pouvait être, il ne fut pas de longue
durée. Philippe, éclairé par les conseils d'Isocrate, réunit bientôt les Grecs sous son empire : et Alexandre se mettant à leur tête, ne
tarda pas à rejetter sur les fauteurs de cette
odieuse politique les terribles mais justes conséquences qu'elle devait avoir.

Opinion, reine du Monde, c'est à toi de
faire prévaloir en Europe ces grandes vérités,
si importantes pour elle. Puissent les Rois, pour
leur propre salut, ne pas refuser d'entendre
ta voix ! Puissent-ils comprendre qu'il leur importe de devenir tes ministres ! Que leur reste-
t-il déjà de ces subsides dont on acheta le sang
de leurs peuples ? Les douanes anglaises ne les
ont-elles pas repompés ? Ils croyaient s'armer pour
remettre et raffermir sur ses antiques bases
l'Europe ébranlée par l'ambition d'un seul
homme. Leur part des dépouilles leur a déjà
échappé, et l'Europe s'agite encore ; et le des-

potisme qu'ils voulaient abattre a survécu au despote renversé! Sa pensée revit encore parmi vous : l'Angleterre l'a prise au point d'exécution où il l'avait laissée. Qui pourrait la méconnaître aux persécutions dirigées contre les sciences et ceux qui les professent? Tout ce qui est éclairé, généreux, est poursuivi partout. L'Allemagne a vu ses prisons peuplées de ses savans les plus recommandables; l'Espagne a vu ses Bagnes et ses Cachots remplis de tout ce qui avait honoré ses armes et défendu ses droits...... Un tel renversement de toutes les idées reçues jusqu'à ce jour chez les peuples civilisés ne peut venir que du seul gouvernement qui a intérêt à nous rejetter vers la barbarie.

Succéder à l'Espagne, sur le Continent de l'Amérique du Sud ; à Napoléon, sur le Continent Européen : voilà tout le système. Pour l'exécuter, il n'y a pas d'autre moyen que de ramener la France, qui veille et parle encore pour l'Europe et pour elle, à ces tems d'opprobre et de malheur où elle n'avait, sur les Barbares qui renversèrent l'Empire Romain, que l'avantage d'écrire dans les cloîtres l'histoire de sa déplorable situation.... Ils ont chassé de chez eux la religion romaine ; ils travaillent avec une prodigieuse activité à la rétablir avec tous ses abus , qu'on avait atténués ou corrigés, dans le reste de l'Europe. Des évêchés sont partout érigés, et elle doit avoir aussi sa milice et ses Maréchaux ! Voyez les fruits qu'elle a portés (èt qu'elle portera toujours, quand elle deviendra ressort politique) en Italie, en Espagne, en Portugal, à Goa, dans le Mexique, au Pérou, et en France enfin, d'où elle expatria l'industrie, la tolérance et la richesse, par la terreur et les supplices.

Princes et peuples Européens, votre cause est commune : ne vous y trompez pas. Voilà le sort inévitable qui vous attend ; voilà les moyens par lesquels on veut vous y conduire. Vous réunîtes, il y a peu d'années, tous vos efforts pour renverser un despotisme menaçant qui déjà vous avait ployés tous sous son sceptre de fer, et que l'on ressuscite aujourd'hui plus terrible : car il marche vers son but par l'audace, la ruse et la désunion, en alarmant les princes par la crainte de la liberté, et les peuples par la crainte de la tyrannie. Evitez ce piége funeste ; relevez vous ensemble de votre abattement ; ouvrez les yeux ; unissez vos volontés, votre politique et vos efforts : aujourd'hui, comme alors, c'est votre seule ressource. Il ne s'agit pas seulement de votre dignité, de votre indépendance : il y va de votre existence commune,

de l'existence même de vos peuples , comme
nations civilisées. Quel rang l'histoire assigne-
t-elle aux rois qui laissent avilir leurs couronnes
et leurs sujets dans les liens d'une dépendance
étrangère à la fois servile et ruineuse ?

En un mot que devenaient les rois soumis
par la politique ou les armes romaines ? Ils mar-
chaient à la suite du char des vainqueurs , ou
cédaient leurs trônes à des Proconsuls.... Avez-
vous donc oublié les Nababs de l'Inde ? et le
Portugal n'est-il pas plus près de vous ? N'est-
il pas en Europe , et sous vos yeux ?

Que dirai-je de la Sicile et du général Church ?
de l'Espagne et de ses catholiques d'Irlande ? du
Chili , du Pérou et du général Cochrane ? de Rio-
Janéiro , d'Oporto , de Lisbonne et de lord
Béresford ? de la dernière guerre d'Amérique ,
où un jeu complet d'agens d'administration anglaise , importés par le même amiral Cochrane ,
s'avançait sur le Mississipi pour occuper et gouverner de suite la Louisiane , qu'ils croyaient
tenir déjà ; cette même Louisiane qui avait vu ,
40 ans auparavant , un autre Irlandais, O'relly,
saisir , dans un guet-à-pens , les treize principaux
habitans de ce grand état , et les immoler de
sang-froid avec leurs uniformes français , que
plusieurs d'entre eux portaient encore : c'était
à la suite de cette guerre funeste qui avait , en

1763, mis presque toute l'Amérique du Nord au pouvoir de la Grande-Bretagne ?

Gardez vous surtout d'accepter encore une fois les subsides de l'Angleterre : elle ne vous paiera jamais qu'à la condition que vous consentirez à vous affaiblir et à vous détruire les uns par les autres. C'est ainsi qu'elle soutient les deux partis, dans l'Amérique du Sud, par des vivres et par des munitions. C'est avec des fusils anglais que les Royalistes et les Indépendans s'y massacrent depuis huit ou dix ans, pour laisser ensuite ce beau pays à l'Angleterre, qui veut y remplacer l'Espagne, comme elle vous à vous-mêmes remplacés dans l'Inde, où vous n'avez fait que lui frayer le chemin de sa domination actuelle, qui vous en exclut tout-à-fait.

En un mot, l'argent du monde entier afflue et regorge en Angleterre ; il manquera bientôt chez vous : ses tarifs de douane, ses denrées coloniales et ses produits fabriqués repompent sans cesse votre numéraire. Bientôt elle vous ouvrira ses coffres, si déjà elle ne vous en a fait la proposition, pour que vous recommenciez vos luttes sanglantes et funestes à vous seuls. C'est à vous de voir s'il vous convient de vous battre encore, pour qu'elle reste maîtresse absolue de la mer, et qu'elle puisse recommencer, sans avoir à vous craindre, une troisième tentative pour abattre enfin le dernier pavillon qui soutienne encore les droits de la neutralité, celui des États-Unis.

Ah! plutôt faites revivre chez vous les arts de la paix et de l'industrie. Rappelez ainsi vos capitaux qui vous échappent, et sans lesquels il n'y a pour vous ni indépendance, ni prospérité, ni agriculture même. Donnez la main à l'Amérique du Nord, qui reçoit tous les ans plus de 160 millions de produits anglais ; ouvrez les yeux sur l'Amérique du Sud, qui en recevra bientôt davantage, parce que les bras n'y peuvent suffire à sa culture, et qu'elle est forcée de tirer d'ailleurs tous ses besoins. Surtout assurez vos débouchés, sans lesquels il n'y a pas de commerce. C'est-à-dire encore, joignez vous à l'Amérique du Nord pour établir la liberté et la sûreté de la navigation. — Voilà pour vous le seul moyen de sortir de votre nullité sans retomber dans les calamités de la guerre ; voilà le seul moyen de ramener votre ancienne prospérité, que vos longues erreurs ont détournée de vous. Relevez vos pavillons, et unissez vous pour les faire respecter, comme aux tems de la ligue Anséatique.

Peuples et rois de cette Europe naguère plus florissante, c'est là votre intérêt le plus pressant.

Gardez vous surtout de ces dénominations de

Royalistes, de Républicains, que l'Angleterre employa avec un succès funeste pendant les huit années de sa première guerre contre les États-Unis , qu'elle faillit à renverser par ce moyen. Ces dénominations rallumeraient chez vous des dissensions intestines. Tous les gouvernemens sont bons, quand ils sont éclairés : car les monarques voient alors que la force et la dignité des peuples fait leur force et leur dignité. C'est aux princes à se mettre à la tête de la civilisation qui s'avance, afin de l'établir sans secousse, et, s'ils sont clairvoyans , sans arrière-pensée. C'est aux peuples à les y convier, en les éclairant davantage encore, si d'anciens systèmes, d'anciens traités avec l'Angleterre , devenus désormais sans objet, pouvaient être réclamés pour troubler de nouveau le Continent au profit d'un seul gouvernement , qui a tout à gagner et rien à perdre à nos débats , parce que sa position, ses intérêts et son système le séparent entièrement de nous.

Il ne s'agit pas non plus d'armer tous les peuples contre un seul. A Dieu ne plaise ! Nous ne voulons pas que l'Angleterre devienne de nos jours une nouvelle Palestine ; et quand nous réclamons le rétablissement du *droit des gens*, dont les notions semblent effacées par elle, nous ne cherchons pas à imiter son exemple, ni à former contre elle une croisade telle qu'elle en forma une contre la France. Mais faisons qu'un seul peuple ne soit pas tout, pendant que les autres ne seraient rien que ses aveugles instrumens ; en un mot que les princes et les peuples soient les maîtres, chacun chez soi, et que la mer appartienne à tous.

Partem aliquam, venti, Divûm referatis ad aures.

RULE, BRITANNIA.

THE FAMOUS ENGLISH PATRIOTIC SONG,

HANDEL'S Music.

WHEN Britain first, at heaven's command,
   Arose from out the azure-main ;
This was the Charter of the land ,
   And guardian-angels sung this strain :
     « Rule , Britannia , rule the waves ;
     » Britons never will be slaves. »

The nations , not so blest at thee ,
   Must, in their turns, to tyrants fall :
While thou shalt flourish great and free,
   The dread and envy of them all.
     « Rule , Britannia......

Still more majestic shalt thou rise ,
   More dreadful , from each foreign stroke :
As the loud blast that tears the skies ,
   Serves but to root thy native oak.
     « Rule , Britannia......

Thee haughty tyrants ne'er shall tame :
   All their attempts to bend thee down,
Will but arouse thy generous flame ;
   But work their woe, and thy renown.
     » Rule , Britannia......,

REGE, BRITANNIA .

CELEBERIMUM ANGLORUM PATRIOTICUM CARMEN,

MUSICIS MODIS AB HANDEL INSTRUCTUM.

———

*C*UM *Britannia primùm , cœli jussu ,*
    Emersit cœruleis ex undis ;
Hæc fuit Charta insulæ destinata ;
    Et secundi genii hoc carmen cecinére :
      » *Rege, Britannia, rege imperio Oceanum ;*
      » *Nunquàm enim servient Britanni.* »

» *Cœteri populi minùs felices quàm tu ,*
    » *In suarum rerum vicibus tyrannidi succumbent ;*
» *At tu intereà florebis magna et libera ,*
    » *Metum et invidiam omnium excitans.*
      « *Rege , Britannia.... »*

» *Resurges majestuosa magis*
    » *Magisque metuenda ab extraneis assultibus ;*
» *Haud secùs ac reboans tempestas quæ cœlum discindit ,*
    » *Nativi tui roboris radices tantùm confirmat.*
      « *Rege , Britannia...... »*

» *Te superbi tyranni nunquàm mansuefacient.*
    » *Quoties jugo flectere cervicem tuam aggredientur ,*
» *Generosum tuum ardorem contrà magis ac magis excitabunt ;*
    » *Cladis suæ , tuæque famæ simul autores.*
      « *Rege , Britannia..... »*

To thee belongs the rural reign;
   Thy cities shall with commerce shine;
All thine shall be the subject main,
   And every shore it circles, thine.
     » Rule , Britannia......

The Muses , still with freedom found,
   Shall to thy happy coast repair .
Blest isle ! with matchless beauty crown'd,
   And manly hearts to guard the fair.
     « Rule , Britannia......

Then sang her sons the glorious strains ;
   The Tritons tuned their vocal shell.
When each fair Naïad of the stream
   The heavenly concert strove to swell.
     « Rule , Britannia , rule the waves ;
     » Britons never will be slaves. »

CHANT PATRIOTIQUE DES FRANÇAIS,

Au commencement de la guerre de la Révolution , guerre excitée et soldée pendant 25 ans, par l'Angleterre, dont on vient de lire le Chant national. Nous le donnons ici , bien que tous les Français le sachent par cœur, pour qu'on puisse comparer ces deux morceaux.

Allons, enfans de la patrie,
Le jour de gloire est arrivé.
Contre nous de la tyrannie
L'étendard sanglant est levé; (*Bis.*)
Entendez-vous dans nos campagnes
Mugir ces féroces soldats?

(91)

» *te pertinet agriculturæ sceptrum.*
» *Tuæ civitates commercio effulgebunt ;*
» *Tuus tibi parebit subditus omnis Oceanus ;*
» *Omne littus quod alluit, tuum.*
» *Rege, Britannia...... »*

» *Musæ, assiduæ semper libertatis comites,*
» *Ad fortunata tua littora perfugient.*
» *Felix insula ! nulli fœminarum pulchritudine secunda*
» *Et virilibus animis ferax qui illas tueantur.*
» *Rege, Britannia...... »*

Gloriosum hoc carmen cecinêre hujus filii ;
  Tritonum conchæ concordantibus modis resonuêre ;
Et pulchra quæque rivorum Naïs
  Cælestem concentum augere voce gestiit :
    « *Rege, Britannia, rege imperio Oceanum ;*
    » *Nunquàm enim servient Britanni. »*

PATRIOTICUM GALLORUM CARMEN,

*Initio belli à plerisque Europæ principibus adversùs
Galliam incepti anno 1792, instigante et fovente
Magná-Britanniá, ejusdemque pecuniá et auxiliis
per quinque et viginti annos protracti ; cum Anglo-
rum præcedenti carmine comparandum.*

---

*Surgite, ô patriæ filii,
Gloriæ jàm dies illuxit.
Adversùs nos tyrannidis,
Cruentum ecce vexillum attollitur.
Nonne auditis nostros per agros
Ut mugiant feroces isti milites ?*

Ils viennent jusques dans vos bras
Égorger vos fils, vos compagnes.
Aux armes, citoyens, formez vos bataillons ;
Marchez (*Bis.*) ; qu'un sang impur abreuve nos sillons.

Que veut cette horde d'esclaves,
De traîtres, de rois conjurés ?
Pour qui ces ignobles entraves,
Ces fers dès long-tems préparés ? (*Bis.*)
Français, pour vous ; ah ! quel outrage !
Quel transport il doit exciter !
C'est vous qu'on ose méditer
De rendre à l'antique esclavage !
Aux armes, citoyens......

Quoi ! des cohortes étrangéres
Feraient la loi dans nos foyers
Quoi ! ces phalanges mercenaires
Terrasseraient nos fiers guerriers ! (*Bis.*)
Grand Dieu ! par des mains enchaînées,
Nos fronts sous le joug se ploîraient !
De vils despotes deviendraient
Les maîtres de nos destinées !
Aux armes, citoyens......

Tremblez, tyrans, et vous perfides,
L'opprobre de tous les partis !
Tremblez, vos projets parricides
Vont enfin recevoir leur prix. (*Bis.*)
Tout est soldat pour vous combattre ;
S'ils tombent nos jeunes héros,
La terre en produit de nouveaux
Contre vous tous prêts à se battre.
Aux armes, citoyens... ..

Jàm jàm adsunt, vestro in gremio
Conjuges natosque vestros trucidaturi.
Currite *ad arma, cives; vestra agmina instruite;*
Procedamus *, et impurum sulci nostri bibant sanguinem.*

 Quid ista poscit caterva servorum,
 Proditorumque, conjuratorumque regum ?
 Quibus destinantur ignobiles istæ catenæ
 Ista jàm diù parata vincula ?
 Vobis, o Galli ! Proh contumelia !
 Nonne exhorretis ignominiam ?
 Vos, o Galli, vos audent meditari
 Antiquo reddere servitio !
Currite *ad arma, cives......*

 Patiemur-ne cohortes extraneas
 Nostris in focis jura dare ?
 A mercenariis exercitibus
 Sternentur-ne fortes nostri bellatores ?
 Proh Dii ! ab incatenatis manibus
 Jugo-ne flectentur cervices nostræ !
 Vilium-ne tyrannorum arbitrio
 Fata nostra permittentur ?
Currite *ad arma, cives......*

 Vobis, vobis tremendum, o tyranni perfidique cives,
 Quos ignominiosè quæque partes respuunt !
 Vobis, inquam, tremendum est. Parricida vestra consilia
 Jàm jàm mercedem debitam accipient.
 Quot cives, tot milites habemus vobis repugnaturos.
 Si juvenes nostri heroes ceciderint,
 Non deficient alii è terrâ velut exorti,
 Adversùs vos parati decertare.
Currite *ad arma, cives......*

Français, en guerriers magnanimes,
Portez ou retenez vos coups.
Épargnez ces tristes victimes
A regret s'armant contre vous. (*Bis.*)

. . . .
. . . .
. . . .
. . . . ,

Aux armes, citoyens......

Amour sacré de la patrie,
Conduis, soutiens nos bras vengeurs
Liberté, liberté chérie,
Combats avec tes défenseurs ! (*Bis.*)
Sous nos drapeaux que la victoire
Accoure à tes mâles accens.
Que tes ennemis expirans
Voient ton triomphe et notre gloire.
Aux armes, citoyens......

On a ajouté ensuite le couplet suivant :

CHOEUR D'ENFANS.

Nous entrerons dans la carrière
Quand nos aînés n'y seront plus.
Nous y trouverons leur poussière
Et la trace de leurs vertus. (*Bis.*)
Bien moins jaloux de leur survivre
Que de partager leur cercueil,
Nous aurons le sublime orgueil
De les venger ou de les suivre.
Aux armes, citoyens, formez vos bataillons ;
Marchez (*Bis.*) ; qu'un sang impur abreuve nos sillons.

Sed vos, o Galli, terribili vel generosâ manu
Ingeminate ictus, vel suspendite.
Parcite iis quos, velut miserabiles victimas,
Invitos nolentesque adversùs vos armaverunt.

. . . .
. . . .
. . . .
. . . .

Currite ad arma, cives......

Sacer amor patriæ,
Dirige et sustine nostras ultrices manus.
Libertas, dilectissima libertas,
Pugna cum defensoribus tuis;
Signis nostris secunda faveat victoria
Animosâ tuâ vôce accita.
Expirent inimici tui merito funere,
Tui triumphi et nostræ gloriæ testes.
Currite ad arma, cives......

Addita sunt subindè hæc carmina :

CHORUS PUERORUM.

Laudis curriculum ingrediemur,
Fratribus nostris, cùm excesserint, successuri.
Quorum honorato cineri insistemus,
Et virtutis vestigiis recentibus ;
Non tàm illis superesse cupidi
Quàm idem mereri gloriosi funeris decus.
Sublimisque hæc nobis erit ambitio
Illos vel ulcisci, vel sequi.
Currite ad arma, cives ; agmina instruite ;
Procedamus, et impurum sulci nostri bibant sanguinem.

Les accens par lesquels Tyrtée enflamma la valeur des Spartiates et ramena la victoire sous leurs drapeaux, étaient-ils plus beaux que ces vers ?

Quand on a lu ces deux morceaux de poésie, que l'histoire doit conserver, on connaît le code de la politique Anglaise et de celle de la France. Tous deux sont inspirés par l'amour de la patrie. Mais l'un respire le désir ardent d'une domination universelle ; l'autre celui seulement de l'indépendance : l'un est le cri de l'ambition, l'autre celui de la liberté menacée. L'Angleterre veut régner sans partage sur la mer ; la France n'aspire qu'à être maîtresse chez elle.

La Grande-Bretagne avait depuis long-tems un gouvernement que la France respectait, qu'elle voulait même imiter ; c'était sa seule prétention. L'Angleterre sentant combien cette régénération du système social en France allait nous rendre forts et puissans, voulut arrêter ou égarer cet essor, et ne songea, quand elle la vit ébranlée, qu'à profiter des dispositions que de vieux intérêts violemment déplacés avaient fait naître, pour la pousser hors de toutes les limites de la modération et de la sagesse. De là cette suite d'événemens excessifs en tout genre, qui ont, pendant trente ans, fixé les regards du monde entier, et dans lesquels il était difficile que la France pût garder une juste mesure , puisqu'elle rencontrait sans cesse de la part de l'Angleterre d'immenses obstacles à vaincre : car l'Angleterre n'a cessé d'être ouvertement son ennemie. De là ces succès prodigieux qui excitèrent dans un homme le délire de l'ambition et de l'orgueil , et bouleversèrent l'Europe au profit d'une seule nation , qui recueille aujourd'hui tous les fruits de ces erreurs sanglantes. Mais les peuples Européens n'auront fait que la moitié de leur tâche , tant que les Anglais chanteront avec vérité : « *Rule, Britannia,* » *rule the waves.* Grande-Bretagne, sois la reine » de la mer; l'Océan soumis t'appartient tout en- » tier. Tous les rivages qu'il baigne de ses flots » sont à toi. (*5ᵉ. Strophe.*)

En un mot , que demande , que proclame la Grande-Bretagne ? *Le droit de conquête , le droit du plus fort.*

Que veut la France, que doit vouloir l'Europe avec elle ? *Le droit des gens ,* sur la mer comme sur la terre.

POST-SCRIPTUM.

Il y a cinq mois que ces pages sont écrites (1).
Que de choses se sont passées depuis! Essayons
de suivre les événemens qui se pressent et nous
entraînent.

---

(1) La nature et l'importance du sujet traité dans
cet écrit m'avait engagé à l'adresser (sauf quelques
additions que j'y ai faites depuis, et qu'on reconnaîtra,
parce qu'elles font allusion à des événemens de plus
fraiche date), à les adresser, dis-je, à un membre
de la Chambre des Députés, avec autorisation de les
publier, s'il le jugeait convenable. Ce n'est que le
9 Juillet suivant que j'ai reçu l'honneur d'un accusé
de réception, et seulement sur une lettre itérative de
ma part.

Il devait servir, comme on l'a dit, de préface à
la traduction, que l'auteur se propose de publier, de
l'Histoire de l'ancienne Grèce, par W. Robertson ;
ouvrage important qui a échappé à M. Suard, traducteur des autres écrits de ce célèbre historien.

Le manuscrit de cette traduction avait été en même
tems adressé à un libraire du Palais-Royal, qui n'en
a accusé réception que trois mois après. Il a consulté,
me dit-il, diverses personnes, qui ont déclaré ne pas
connaître cet ouvrage de l'Historien Anglais. — M.
Campenon, qui a donné la dernière édition de Hume,
est de ce nombre.

Une chose plus singulière, c'est que depuis cette
époque il a paru, dans les papiers anglais, diverses
publications qui semblent comme faites exprès pour
servir de réponse à quelques faits articulés dans cet
écrit. Par exemple, une justification parlementaire de
l'article. *Parga ;* — Une liste que l'on donne comme
exacte dans ces papiers, des Nègres importés, dit-
on, à la Havanne par les Espagnols, depuis trois ou
quatre ans; — Une accusation pareille et plus récente,
contre une frégate française à qui les Anglais imputent

Essayons surtout de crayonner ceux qui se préparent, et d'y parer, s'il est nécessaire. Comment ne pas regarder avec inquiétude dans l'avenir, quand on voit accourir en toute hâte sur le Continent des personnages tels que le duc de Cambridge et le Lord ou Seigneur Wellington ?

Quel est l'objet de cette apparition ? Est-ce la paix qu'on nous apporte ? Mais nous l'avons déjà. C'est donc de guerre qu'il s'agit.....

Tâchons de nous fixer sur cette idée.

L'Angleterre avait le Portugal, pays précieux pour elle par ses vins et ses fruits. Elle le voit s'échapper de ses mains. On y fait aux Anglais de grandes politesses. Mais enfin, puisqu'on les remercie, c'est qu'on ne veut plus de leurs services désintéressés. On a même l'audace d'y parler de commerce maritime ; meilleure preuve encore qu'on n'y veut plus

---

d'avoir pris et introduit un vaisseau négrier dans une des Antilles françaises.

Quand ces faits seraient vrais, ce que nous ne sommes pas à même de vérifier, ils ne changeraient rien à ce que nous disons dans cet écrit ; et les réponses indirectes et comme anticipées des Anglais prouvent seulement qu'ils ne péchaient pas par ignorance, et qu'ils voudraient diminuer l'odieux en cherchant à le partager. S'ils pouvaient avoir connu ce que nous disons ici, c'est un premier avantage de voir qu'ils l'ont senti ; et il est à désirer pour tout le monde que ce ne soit pas le dernier qui doive en résulter.

d'Anglais. Comment réparer une telle perte ? En attendant qu'on y ait avisé, on bloque le Tage, et il y a une armée d'opposition qui marche sur Lisbonne.

L'Angleterre espérait la Sicile, cet ancien grenier des Romains ; mais le général Church qui n'y voulait point de cocarde nationale, est arrêté. Cela change un peu la question. Il est vrai que des forçats ont été lâchés, et que Naples et Palerme se battent. Tout espoir n'est donc pas perdu de ce côté.

Pendant ce tems on s'empare du Chili, du Pérou, et des principaux points de l'Amérique-Méridionale. Mais il reste encore à s'y affermir.

D'un autre côté, l'Amérique du Nord inquiète la Grande-Bretagne ; et elle voudrait bien prendre sa revanche de la déconfiture complète que l'armée Anglaise essuya sous les murs de la Nouvelle-Orléans, en 1815. Elle voudrait rompre le traité de Gand, comme elle rompit celui d'Amiens.

Elle voudrait bien enfin avoir le tems de mener tout cela de front.

Une guerre sur le Continent de l'Europe lui devient donc plus nécessaire que jamais. Et qui sait si les mouvemens de l'Italie et de la Péninsule n'ont pas été favorisés par la même politique, pour pouvoir armer le Nord de l'Europe contre le Midi?

C'est donc la guerre que portent dans le pli de leurs manteaux les deux grands négociateurs dont il s'agit dans les papiers d'Angleterre et d'Autriche.

Il est malheureux que l'événement de Cadix n'ait produit qu'une échauffourée et le massacre de quelques centaines d'hommes. Les frères Irlandais et les familiers de l'inquisition avaient peut-être promis mieux. La publication d'une biographie des hommes vivans et des plus marquans d'Espagne, qui, disposée sans doute de longue main, semblait n'attendre que l'instant pour voir le jour, avait probablement aussi un tout autre objet que la pacification de ce pays. — On peut se rappeler que ce moyen *conciliatoire* a été employé avec plus de succès en France.

Il est malheureux que l'événement de Lisbonne n'ait été qu'une escarmouche. Il paraît que les Portugais se défiaient de cette ville : car c'est à Oporto que la révolte a éclaté. Mais enfin, comme on l'a dit, toute espérance n'est pas encore éteinte sur le Tage.

Il est malheureux encore que les événemens de Paris n'aient abouti qu'à quelques meurtres particuliers. Il eût mieux valu que la guerre civile eût ramené les beaux momens de la Ligue et de la Fronde et préparé le renouvellement de la Vendée.

Alors la négociation de lord Wellington eût été plus facile. Tous les obstacles se fussent aplanis devant lui. Mais enfin il faut prendre les événemens tels qu'ils viennent. Le talent est d'y pourvoir. Voilà le côté qui regarde l'Angleterre.

Il ne faut pas perdre de vue qu'elle a un plan fixe, un système arrêté; qu'elle a de l'argent; qu'enfin elle a un conseil de cabinet, et un jour spécialement affecté aux affaires du continent Européen, jour qu'on y appelle plaisamment : *the puppets' day* ou *jour des marionnettes.*

L'Europe n'est pas tout-à-fait si avancée. Elle n'a ni plan, ni système, ni argent. La division est dans son sein ; les cinq dernières années lui ont coûté bien des millions qui ont passé la mer. Le livre sterling vaut sur le Continent 25 fr. 60 cent. Il ne faut pas perdre de vue ce que nous avons dit précédemment à cet égard. C'est l'idée première de cet écrit, à laquelle nous ramenons le lecteur : car elle est instructive.

Dans un tel état de choses, que doit faire l'Europe?

Quelle question ! Elle semble effrayante. Essayons de la résoudre. La solution en est peut-être plus simple qu'elle ne paraît au premier coup-d'œil. On va bientôt en juger.

Quel est l'objet que se proposent les hommes en se réunissant pour former des villes et des états? N'est-ce pas la sûreté que le concours des forces de plusieurs procure et garantit mieux que l'emploi isolé de ces mêmes forces agissant séparément et sans concert?

Appliquons ce principe dont il n'est pas besoin de démontrer la justesse et l'utilité, à la garantie de l'intérêt le plus grand, du seul intérêt que puisse avoir l'Europe après les guerres funestes qui ont pendant 25 ans ensanglanté et désolé toutes les parties de son territoire.

Pour réussir à l'entraîner de nouveau dans les mêmes dissensions, dans les mêmes malheurs, quel serait le but, au moins apparent, d'une nouvelle guerre, générale ou partielle? Ne serait-ce pas d'obtenir de meilleures conditions, pour assurer son repos et sa prospérité ?

Il pourrait bien y avoir un autre but que celui-là : mais on n'oserait à coup sûr l'avouer. Et pourquoi donc, dira-t-on? Parce qu'il serait manqué du moment qu'il serait connu. Quels peuples en effet voudraient doubler, tripler leurs impositions, pour arriver à un résultat pire que celui auquel ils sont rendus ?

Quelques provinces ajoutées à tel ou tel état, en supposant tous les succès d'un seul côté, rendraient-elles sa position plus brillante? Et si les succès désirés se changeaient en revers!....

Mais surtout, je le demande, sur quoi fonder une déclaration de guerre? On peut prédire, en toute sûreté, que le Manifeste qui la déclarerait, serait le plus pauvre et le plus pitoyable qui ait encore paru. Et d'un autre côté, le langage que tenait le Loup à l'Agneau de la Fable ne serait peut-être pas sûr.

Cependant le lord Wellington a de grands majorats sur le continent, et il est patriote.... Mais cela ne suffit peut-être pas pour convaincre les princes et les peuples Européens qu'ils doivent une seconde fois mettre toute l'Europe en feu, pour que le lord Wellington y acquière de nouveaux majorats, et pour que l'Angleterre puisse, pendant que nous nous battrions encore, reconquérir par elle-même le Portugal au nom de la cour du Brésil (1), se saisir de la Sicile, en y secondant un des deux partis, et se mettre en pleine possession de l'Amérique du Sud;

---

(1) On pourrait parier presque à coup sûr que le voyage récemment fait par lord Béresford à Rio-Janéiro, n'avait pas d'autre objet que d'obtenir l'assentiment du Roi de Portugal pour allumer la guerre civile dans cette partie de la Péninsule, et être autorisé à bloquer Lisbonne en son nom. La résolution exprimée par les Portugais de relever leur marine, et le souvenir de ce qu'a fait le Grand Albuquerque dans l'Inde.

en pleine possession de l'Amérique du Sud ; enfin, pour qu'elle puisse fournir encore des fusils anglais aux peuples du Nord et du midi de l'Europe afin de s'entre-détruire.

Il n'est pourtant pas impossible que quelques hommes de cabinet, séduits ou égarés par je ne sais quels projets d'agrandissement et surtout par les subsides qu'un gouvernement intéressé à nous agiter pourrait faire briller à leurs yeux ; il n'est pas impossible, disons-nous, que fermant les yeux à l'évidence, ils préfèrent un autre intérêt à l'intérêt le plus pressant des peuples dont les destins leurs sont confiés. Nous avons déjà fait voir combien une telle erreur pourrait devenir une seconde fois fatale à l'Europe trop long-tems fourvoyée. Nous avons montré que la guerre ne conduit en définitive les vainqueurs comme les vaincus qu'à la barbarie, et pris à témoin l'histoire de l'Ancien-Monde depuis l'Orient jusqu'à l'Occident. La prospérité de l'Asie décroît d'une manière évi-

inquiète l'Angleterre. Il s'agit d'étouffer à tout prix cet exemple contagieux pour l'Europe. Aussi ne faut-il pas regarder l'affaire du Portugal comme terminée. C'est-là que l'Angleterre redoublera tous ses efforts pour égarer ceux des Portugais. On verra bientôt si le Lord ou Seigneur Béresford a mieux pris ses mesures que les frères Irlandais en Espagne, et si les Portugais sauront éviter les pièges qui leur seront tendus, et se conduire avec autant de sagesse que les Espagnols l'ont fait.

dente, et l'avenir qui attend l'espèce humaine dans ces beaux climats, a je ne sais quoi de sombre et d'effrayant qui attriste l'âme. L'avenir qui attend l'Europe ne serait pas plus rassurant, si le flambeau de la guerre s'y rallumait par le feu des passions de quelques individus.....

Jamais considérations plus grandes furent-elles offertes à la méditation des hommes?

Quand on fait la guerre enfin, c'est sans doute parce qu'on a une paix meilleure en vue. Or, cette paix meilleure l'obtiendrait-on en recommençant une guerre dont on ne voit ni le but ni le terme?

Quel autre qu'un Ministre Anglais pourrait répondre affirmativement à cette question?

L'Europe doit donc conserver la paix qu'elle a. Elle doit songer seulement à la rendre meilleure et plus solide; et pour y parvenir, la navigation est nécessaire. C'est au dehors, c'est vers la mer que son activité doit se tourner. Les irruptions du Nord la menaceraient encore d'un sort pareil à celui qu'elle éprouva quand la terre se tut devant les armes des Romains, dont la politique constante était, comme l'est aujourd'hui celle des Anglais, d'éterniser la guerre. Il ne faut pas oublier surtout que le sort des peuples conquis ne fit que s'aggraver encore après la chûte de ce grand Empire. Combien

de pages révoltantes ou dégoûtantes offre l'histoire de l'Europe depuis cette époque mémorable !

Il faut encore moins oublier que les vassaux
de l'Angleterre perdent à la fois et leur importance politique et la prospérité des particuliers,
bien plus malheureux en cela que les peuples
soumis par les Macédoniens et les Romains.

L'Europe serait-elle donc destinée à devenir
une misérable province Anglaise ? Ah! hâtons-
nous d'élever une première digue contre de
pareilles prétentions. Entr'autres moyens et
sans préjudice de ceux que pourraient prendre
les gouvernemens qui disposent de la puissance
des peuples, entr'autres moyens, disons-nous,
on peut proposer

L'établissement d'une Compagnie générale d'assurances maritimes pour le Continent entre les
nations Européennes. Il y aurait une direction
dans chacune des Capitales, et des correspondans
intéressés dans tous les ports de marine, soit
militaire, soit commerciale ;

Toutes les pertes maritimes occasionnées par
des vaisseaux sous quelque pavillon que ce
puisse être, seraient supportées en commun ;

Chaque état y contribuerait en raison de sa
population, ou du tonnage général de ses vaisseaux marchands ;

On prendrait pour base de l'assurance la

nature et la distance des expéditions, et il n'y aurait aucune assurance possible , du moins de la
part de ce grand établissement , pour la traite
des Noirs.

Les gouvernemens seraient conviés à protéger
de tous leurs moyens cette association philan-
tropique , et à réclamer le remboursement
des Assurances qui seraient payées pour ces motifs,
auprès de la puissance dont le pavillon aurait
violé le droit des gens ; et ce pavillon serait
exclu de tous les ports Européens jusqu'après
le remboursement opéré.

Point de frais pour les gouvernemens ; point
de surcroît d'impositions; point de guerres autres
que défensives ; plus de places de commerce
ruinées de fond en comble par des hostilités
commises avant la guerre déclarée.

Tout cela est aussi praticable que l'est dans
un grand État comme la France l'établissement
des assurances contre l'incendie. Que dis-je ?
Cela donnerait dix fois moins de travail et
une sécurité bien plus grande : car la guerre
n'est jamais involontaire comme les incendies,
qui sont presque toujours l'effet du hasard et
de la négligence. Ce ne sont point là des mots,
ce sont des choses.

L'extrême simplicité de ce moyen n'excitera
peut-être que le dédain de certains esprits en-

nemis des idées simples et naturelles. Mais qu'on prenne la peine d'y réfléchir, et l'on verra qu'il est susceptible de produire d'utiles conséquences, dont la première serait de mettre en rapport d'affaires les gouvernans et les gouvernés, c'est-à-dire, d'accorder en bien des points essentiels la théorie et la pratique, trop rarement d'intelligence chez nous, comme dans le reste de l'Europe.

Ce sont les rapports suivis de ce genre qui sont la source la plus féconde des grands succès commerciaux de l'Angleterre. Mais ce qui double ces succès, ce sont nos fautes..... Comment pouvons-nous en ce moment être dans une attitude hostile avec les Etats-Unis? Car on attend en Angleterre des navires Américains qui étaient chargés pour la France, et qu'une mesure toute récente de notre douane repousse de nos ports. Quel motif a engagé les Etats-Unis à augmenter les droits sur le tonnage des vaisseaux français particulièrement? — C'est une chose inconcevable.

Si c'est l'effet de quelque nouvelle intrigue Anglaise, elle est bien ourdie, et le secret est bien gardé chez nous. Honneur à nos Phaétons politiques..

FIN.